忍者

大揭秘

黑井宏光 著

人民东方出版传媒
People's Oriental Publishing & Media
東方出版社
The Oriental Press

目录

5 忍者的基础知识

6 所谓忍者　8 忍者的历史

10 历史上的忍者　14 忍术传书

16 遍布全国各地的忍者　18 忍者的工作

20 教义和规矩　22 女忍者

24 忍者的装束　28 忍者六具

30 忍者的宅第和机关　32 饮食和健康

36 求生的智慧

42 忍者小故事：乘风筝的忍者

43 忍者的武器和道具

44 忍者用的刀
46 刀鞘绦带的用法
48 手里剑
52 手里剑的打法
54 针和吹箭
56 不会被怀疑的武器
58 隐藏武器和逮捕犯人的道具
60 变化的武器
62 使用武器的护身术
66 忍者小故事：忍者经常携带的道具

67 忍术

68 易容术
71 藏密函术
74 暗号
76 隐语
77 传达术
80 记忆术
82 对人术
84 步法
88 跑法
90 遁走术
94 飞术
96 登术
98 隐身术
100 水术
104 火术
106 潜入术
110 窃听术
112 察敌术
114 分身术
116 幻术
118 九字护身法
120 伊贺上野地图
122 忍者公园
124 伊贺流忍者集团——黑党
126 后记

忍者的基础知识

忍者使用各种各样的武器在乱世中叱咤风云。除了刀和手里剑外，还有很多不可思议的武器。

所谓忍者

很久以前，在国外一提到日本，大家就会想到富士山和艺伎，但是现在大家却会想到“卡拉OK”和“忍者”，而且忍者即“NINJA”（日语发音），已经作为国际语言而家喻户晓。但是，忍者的真面目恐怕连大多数日本人自己也不清楚吧，也许忍者的魅力就在于他们的神秘。忍者的工作在历史上也只是被轻描淡写地几笔带过，他们隐藏自己的身份，在幕后干着玩命的活儿。因为没有留下自己的名字，他们的功劳往往只记在了他们所侍奉的武将名下。

忍者们隐姓埋名，在幕后默默地推动历史前进。在物语、漫画、小说、电影中常常会谈及他们的传奇。他们擅长使用各种神秘的道具，墙上飞、水上漂，神不知鬼不觉地潜入敌方城池。他们悄无声息地潜入他人屋内，一旦被主人察觉便立刻贴伏到天花板上，要是真的被发现了就会化作烟雾消失不见。正因为有这样超人的技术和力量，如魔法般的忍术，才会让全世界都为之倾倒吧。

另一方面，与超人、奥特曼、假面骑士这样虚构的英雄人物相比，忍者是实实在在的人类。他们从小开始接受严格训练，锻炼体格。因为每天都坚持锻炼，

他们也养成了坚强的心性。“忍者原本也是普通人，只要努力就有可能成为忍者”，能够让人们抱有这样的想法也是忍者的一大魅力。所谓忍者，是指在出生入死的年代里，运用各种智慧，身经百战，将人的能力发挥到极致的一群普通人。

以前十分秘密的忍术，通过读这本书都可以学到。成年人虽然晚了点，但现在开始努力的话就有可能成为忍者。

忍者的历史

忍者的历史，可以追溯到什么时候呢？

最早的记录是6世纪圣德太子任命甲贺的大伴细入为“志能便”[1]。“志能便”就是忍者的“忍”字，也就是忍者。圣德太子能同时听取多位大臣议政，而且一一回答他们的问题。这很可能是因为大臣们汇报的政事，他事先都已经指派大伴细入调查过了。

到了7世纪的天武天皇时代，天皇曾任命忍者多胡弥潜入敌方的城池放火。据说多胡弥也是伊贺人。

在12世纪的源平大战[2]中，保护了安德天皇和三大神器的平家军队长伊贺家长，原来也叫服部家长，就大量使用了忍者作战。

16世纪的战国时代，效忠德川家康的服部半藏正成，曾守卫过现在还遗存的江户城（皇宫）的半藏门。据说半藏是家长的子嗣。也有很多伊贺忍者为半藏效

---

① 志能便，读音しのび，和忍者的“忍”字读音相同。

② 源平大战，指日本平安时代末期，1180年至1185年的6年间，源氏和平氏两大武士家族集团一系列争夺权力的战争的总称。源平大战对日本历史有着重大的影响。标志着武士集团的逐步上升及公卿集团的衰败。源平大战结束后，源赖朝于1192年就任征夷大将军，开始了镰仓幕府时代，开创了以后绵延七百余年的幕府政治。

忠。半藏和家长都不是忍者，都是武将。那些无名无姓的忍者们立下的功勋，都记在他们效忠的武将名下，让这些武将名垂青史。战火纷飞的战国时代也是忍者最活跃的时代。他们受雇于各地的大名，就像现在的特种部队一样奔赴战场。

到了没有战争的江户时代，忍者们效忠于以幕府为代表的各地的藩主，为了捍卫和平而收集各类情报。在废除了幕藩制度的明治时代，忍者们又化身为警察或医生（因为忍者精通药学），也有利用火术成为烟花师的。推崇堂堂正正的武士道精神的明治政府并不喜欢躲在暗处秘密活动的忍者。失业的忍者也渐渐后继无人，最终消失了。

历史上的忍者

役小角

在飞鸟时代，在奈良县的葛城山修行的役小角开创了日本特有的富于山岳信仰的修验道①。小角是咒术达人，据说他能指使鬼神为其打水、捡柴火。如果鬼神不听从命令便用咒术紧紧捆住它们。武术和咒术对忍术产生了极大的影响。

大伴细入

早在6世纪，就有圣德太子任命大伴细入“志能便”的记录。他是甲贺人，原名斋入。据说细入在同势力衰落的物部氏首领物部守屋交战中曾立下汗马功劳。细入的拿手火术为圣德太子带来了胜利。

源义经

运用奇袭战法一举消灭平家的义经，拥有能够跃过八艘战船的跳跃能力，简直就是天生的忍者。越前福井藩松平家的《义经流忍术》就传自源义经。忍术秘籍《万川集海》有关火器的记载中也提到了源义经在源平大战中使用的特殊火把。

---

① 修验道，在高山中修行，以体验、领会咒力为目的的日本宗教。

伊势三郎义盛

传说义经四大天王之一的伊势三郎义盛就是伊贺忍者。也有传言说义盛出生于伊贺的才良，忍术秘籍《万川集海》中的《忍者百首》就是义盛所作，其实这更像是江户时代的某个人收集编撰而成。在鞍马山磨炼了义经的童年、同样也是义经四大天王之一的常陆坊海尊高僧就是丹波国的村云流忍者。

楠木正成

活跃在14世纪即南北朝时代的正成，是出生于现在的大阪府千早赤阪村的武将。据说有48位伊贺忍者效忠于正成。他们分成三组，每组16人。正成经常派他们潜入当时的首都，传递情报，他还著有忍术秘籍《楠木流忍术夺口忍卷》。夺口就是习得各地的方言，使用方言混入敌方、散播流言使对方陷入混乱。

风魔小太郎

效忠于战国时代的小田原北条氏的风魔忍者的统领，代代都称为风魔小太郎。据说他们出生于箱根、足柄的山中。《北条五代记》中曾记录道："身高两米多，四肢粗犷，双目倒挂，黑色的胡须，张着血盆大口，露出四个尖尖的牙齿……"简直就是个怪物。他们也许对自己的同伴也未曾露过庐山真面目。

服部半藏

半藏（半三）之名被代代继承下来，最著名的是和德川家康同岁的半藏正成。他的父亲是伊贺出身，正成生长于现在的爱知县冈崎市，是效忠家康的武将，并在多次战斗中立下战功，被誉为“战神半藏”，使敌人闻风丧胆。他管理着两百多名伊贺忍者，所以被认为是伊贺忍者的统领。半藏把守的江户城西门被称为半藏门。

加藤段藏

他自称伊贺忍者，被称为“飞人加藤”。拥有能一口吞下牛的“吞牛术”和用扇子扇扇花草、花草就能发芽开花的“生花术”等幻术，以及轻而易举地越过5米多高的围墙的特技。他曾经想效忠于武田信玄，曾展示了自己的看家本领——弹跳，但是武田被他的变形术吓到，结果把他给杀了。

泷川一益

据说他出身于甲贺。年轻时专练习枪法，而且百发百中。但是后来由于犯罪，被赶了出来，流落到现在的爱知县。后来他的枪法得到织田信长的赏识，从此效忠织田，位及织田四大天王之一，但是本能寺之变后织田信长被弑杀，此后他也没有了大作为，其部下中有甲贺忍者。

松尾芭蕉

松尾芭蕉因为是伊贺出身，所以很多人都怀疑他是伊贺忍者。他的名字出现在甲贺百地氏的系谱上，恐怕这也是原因之一吧。游历了东北的山河，写出《奥州小路》的芭蕉，一天之内能步行那么长的距离，也被怀疑是忍者。但是，古代人强健善走，所以这应该不是什么稀奇的事儿。而且芭蕉身为受到热情欢迎的名人，想要秘密行动也够呛吧。

柳生宗矩

他出身于地方豪族，是德川家康的剑术家、幕府将军家的兵法教练。后来成了大名，之后又担任了监视大名和幕府重臣的“大目付”。宗矩以幕府统治的稳定为由将很多大名满门抄斩。大概是因为有一万好几千人的徒弟（柳生新阴流）散布在全国各个藩下，所以他很容易掌握各方情报。

石川五右卫门

安土桃山时代的大盗石川五右卫门，在江户时代不少歌舞伎中都会上演他被处以釜煮（油锅煎）刑而死的画面。小说中他是伊贺流忍术的名人百地三太夫的弟子。据说出生于伊贺的石川村，还有其他各种传闻，本人也分不清孰是孰非。传教十的记录也曾谈及他，看来他应该是真实存在过的。

忍术传书

在漫画和电影中我们能见到嘴里叼着卷轴的忍者双手结印后突然消失，或者相互间争抢卷轴的画面。这个卷轴，也就是所谓的忍术传书[1]，上面到底写了些什么呢?

有用图解释说明忍者道具的，有详细记载制作火药的过程或药的配方的，等等，内容五花八门。还有描写了在现代人看来完全是胡说八道的咒术的。所有的忍者秘籍都写于江户时代，也有可能在此之前人们忙得没有余力去写。忍者大为活跃的战国时代，实力决定一切，写成的东西没有任何价值。如果只会死背书，却没有掌握如何运用它们，是毫无意义的。

忍术传书的特征之一就是书中经常出现“以口相传”。所以个中的详细情况如果不是以口相传的话，就理解不了其中的奥妙。也有为了保守其中的秘密，故意采用相反的描述，口授原本真正的含义。所以，如果不是当事人是理解不了其中的含义的。但是，这些都是因为其很难用文字来一一说明。如果一一详细记录的话，这书就成了厚厚的百科事典了。

① 传书，这里指代代相传的书籍。

要学习忍术，首先要学的就是记忆术。因为有大量需要记忆的东西。到了江户时代，由于忍者出去执行任务的情况大大减少了，有些内容也就被遗忘了。这时为了一看便能想起那些内容而写的就是忍术传书，没有写重要的秘籍。现代人视忍术传书为宝，但是对于忍者来说，没有写进书里的东西反而更重要。

《万川集海》：

由伊贺的藤林保武编撰。就像书名所说，所有的河流汇入大海，是传入伊贺、甲贺的忍术集大成者，是非常翔实的忍术传书，但是却没有有关咒术的记载。

《忍秘传》：

据说是服部美浓守保清所著，传自服部半藏。是伊贺流的忍术传书。其中介绍了“深草兔步”。

《正忍记》：

纪州藩（位于现在的和歌山县）的军师名取三十郎正澄所著。纪州流忍术的传书，也叫新楠流、名取流，都继承了楠木流忍术，传说它们都源自伊贺流。

遍布全国各地的忍者

各大忍术流派分布于全国各地。虽然有很多流派起源于战国以前，其实几乎所有的流派都是从江户时代开始发展起来的。很多都是利用发起人即流祖、侍奉的大名以及地名来命名。

会津藩鹤城有甲贺町口门，甲贺町住了很多甲贺忍者。效忠于新潟县上杉谦信的加治流（越后流），传说他们继承了伊贺的服部流忍术。效忠于山梨县武田信玄的甲阳流（忍甲流）是甲贺忍者的主力。神奈川县的北条流（伊豆流）就是风魔忍者。加贺藩前田家的越前流是由 50 名伊贺忍者编成的“小分队”。据说，福井县的义经流是效忠福井藩松平家的忍者们继承伊贺流形成的。大阪府的楠木流也是伊贺流。广岛县的福岛流是侍奉广岛城城主福岛正则的甲贺流的忍者。也叫引光（引甲）流。德岛县的德岛市现在还残留着伊贺町这样的地名，可见伊贺忍者曾经来过这里。长崎的南蛮流是以南蛮带来的火术为中心的流派，其实和伊贺、甲贺的火术类似。

就这样，日本全国各地各个藩都有很多忍者。

忍者的习称

由于国外掀起的忍者热，现在 NINJA 已经成了国际通用语。然而，这个“**にんじゃ**”的历史却非常短暂。直至大正时期，还叫**にんしゃ**，或**にんじゅつしゃ**。之前的江户时代并没有统一的称呼，就像方言，各个地方的叫法都不一样。比如，现在的报纸和周刊杂志，把刊登独家新闻称为“**スッパ抜く**[①]”。这是因为曾经把忍者称为“**スッパ**”，他们专门揭露那些不为人知的秘密，因此“**スッパ抜く**”就成了一个惯用语。特别是因为把在都城京都和奈良周围的忍者称为“**スッパ**”，所以至今还广为流传。也有传说认为“**スッパ**”源于“**スパイ**[②]”。

青森县：抄近道，阴术
宫城县：黑色绑腿组
新潟县、富山县：轩猿、乡导、乡谈、间士、闻者役
神奈川：间谍、草、武家的名目抄（职位名称）、侦察兵
山梨县：三物（指三种武器：胸甲、盔甲、袖甲）、细作、探子、特务
长野县：细作、唤狐术、真田众
石川县：盗窃联盟
滋贺县：甲贺人、甲贺忍者
京都府、奈良县：细作、间谍、探子、忍者
广岛县：外闻
熊本县：闯关之人
东京：密探、御庭番[③]
爱知县：乡谈
福井县：忍术、会忍术的人
三重县：伊贺忍者
和歌山县：根来众[④]
岛根县：住苫屋的人，钵屋
鹿儿岛县：钻山之人

---

① スッパ抜く，揭露，揭穿。揭发秘密等使之暴露在光天化日之下。

② スパイ，日语中的外来语，spy。间谍，密探，特务。

③ 御庭番，日本江户幕府的职务之一。“若年寄”的属下，充当里院的清扫和将军散步时的护卫，也向将军提供诸藩国的情报。

④ 根来众，以日本纪伊根来寺僧兵为中心的军事集团，南北朝时代以后强盛一时，战国时代组织步枪队，与织田信长和丰臣秀吉对抗。1585 年，被丰臣秀吉所灭。

忍者的工作

说起忍者的工作，他们往往乔装后潜入敌方，晚上穿着夜行衣潜入敌方城池，探听对方的密谈。印象中和现代的间谍类似。但这些只不过是忍者工作的一部分。太平祥和的江户时代，忍者的工作内容很简单，或为了维护和平收集情报，或担任大名的护卫。但是在战火纷飞的战国时代，他们曾在战争中大显身手。

简而言之就是“作战”，其中包括战前打探敌情、散播谣言，比如“谁谁谁要倒戈了”，等等，以扰乱敌军，削弱对方的实力。交战时他们也有别于正规军，按照忍者特有的方式进军。

比如攻城时，迟迟攻不下的时候，就会出动忍者部队。数十名忍者在夜幕中潜过护城河，跃过城墙，悄悄地潜入城

中，在城内四处放火。然后乔装成对方军队的人，大喊：“某某某倒戈了，放火了呀！”在敌人开始自相残杀时，他们就在城内打开城门，把自己人放进去。所以，忍者是攻城的行家，受雇于各地的大名。

到了没有战乱的江户时代，忍者们不再受雇于战争，也不被各幕府和各藩所用，他们便脱下外衣，开始从事各行各业。据说有很多人化身为游艺人，以表演魔术、杂技为生，游走于全国各地。传说他们继承了伊贺和甲贺流的忍术，能像现在的体操选手那样表演弹跳、回旋转身等惊险的杂技动作，或者像现在的幻术表演那样表演魔术。其中也有被大名等雇用而走红的，这真是“艺不压身”。此后忍者便销声匿迹了，然而其灵活轻松的形象却一直活在人们心中。

教义和规矩

在漫画和电影中我们经常会看到“逃兵忍者”这样的说法。其实，忍者是不允许中途退出自己的组织的，如果坏了组织的规矩，就会被其他同伴追杀。但是，忍者没那么傻，况且中途退出自己的组织一点儿好处都没有。其实也没有“逃兵忍者”这一说，对于脱离组织的人，他们似乎不会追究，任其而行。

虽然大家都认为忍者的世界有严格的规矩，其实也没什么特别的。与此相对，他们有严格的教义。忍者在学习忍术之前要写誓约书。所谓誓约书就是对神佛发誓表明自己的忠诚。还要写上“忍术只为国家效力”，如果为其他原因而动用忍术的话，将遭天谴。这里说的国家不是日本整个国家，而是曾经的伊贺国（现在三重县的一部分）。如果是甲贺的话，就是曾经的近江国（现在的滋贺县）。

忍术传书《万川集海》（全书22卷）的第二、第三卷中第一条教义就是“正心”。强烈告诫忍术不能为私利私欲（为自己）所用。“正心”就是要遵守信义忠信（为了国家，在正确的事情上使用忍术）。无论什么地方，忍者都能悄悄地潜进去。如果这样滥用忍术的话，那忍者就成了大盗。为了不让他们胡作非为，所以必须对其进行严格教育。

忍者最为活跃的战国时代，是家臣取代主君、下克上的时代。可以说在大部分人都在为出人头地、梦想成为一国一城之主的野心勃勃的年代，不顾自身安危，为国出生入死的忍者精神是非常崇高的。忍者的“忍”字，是“刃”字下面加一个“心”字。也就是说，忍者就是把刀插入自己的心脏，消除自己的意欲，不辱使命。

女忍者

现在，我们大多用隐语“**くノ一**”称呼女忍者。因为把“女”字分解开来，就成了“**く**”“**ノ**”“**一**”，原本也叫“九①**ノ一**”。在中国古代文书中也有称女间谍为“九一”的。我们身上总共有九窍，眼睛、鼻子、嘴巴、耳朵等，但是女人会多出一窍，所以叫“九一”。另外，男忍者的隐语是“**タヂカラ**②”，因为把“男”字分解开来，就成了“田”和“力”。

忍术传书《万川集海》中“女忍者的忍术”一节中描绘了女忍者的飒爽英姿。当男忍者不方便潜入的地方就由女忍者出马。例如，乔装成女仆，潜入敌方城池侦察敌情。其中还介绍了“隐身蓑衣”这一忍术，其他忍者悄悄地隐藏在乔装成女仆的女忍者行李中。由两个人用木棍抬着大箱子，箱子的底有两层，上面装着

---

① 九，在日语中发音“く”。
② “田”的发音“タ”，“力”的发音“チカラ”。

衣服，下面便藏着忍者。因为是女性的行李所以检查不严格。

很久以前，男人就觉得女人是弱势一方。在战乱的年代，尤其觉得女性是弱势一方，也就不怎么提防她们了。女忍者充分利用了这一点，更不要说美女忍者了，她们更加不会被提防。女人天生喜欢八卦，所以能探听到各种消息。例如，如果能探听到敌军的武将中谁和谁关系不好，就能趁机离间他们，削弱敌军实力。但另一方面，女人容易被感情所动，会感情用事，所以《万川集海》中介绍了很多她们必须注意的地方。正如很久以前“女人的心，秋天的云”所说的一样，也有因为恋爱而变心，最后背叛组织的。

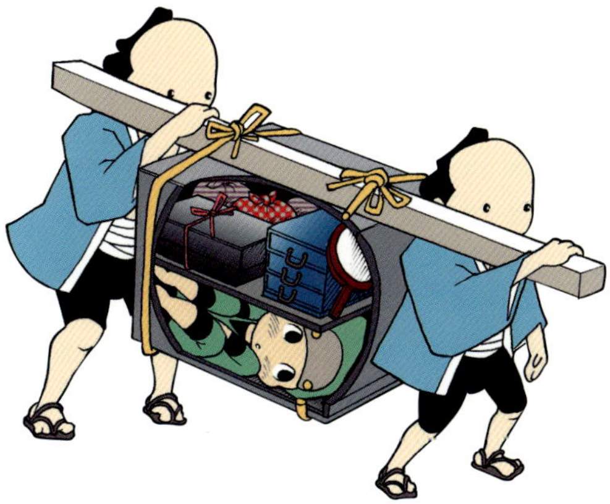

女忍者也只是收集情报或者协助男忍者，并没有历史剧和漫画里那么威风。

忍者的装束

说起忍者的装束，大多数人脑海里都会浮现出一副一身黑、绑着头巾、戴着面罩的忍者形象。但是，忍者们并不经常以那样的装束出现。

战国时期，作为整个战斗集团参加战斗，攻城时忍者就会穿铠甲。隐藏自己的真面目，潜入敌方营地时，他们往往乔装成各行各业的人。他们没有忍者制服。如果有忍者制服的话，只要一穿上他们就会被认出来，即使不穿在身上，偷偷地带着，路过关卡遇到检查行李时，也会暴露身份。就像现在的间谍和警察一样，间谍也没有制服，警察在查案时并不穿制服。间谍和警察穿便装也是为了混入大街上成群的工薪族中[1]。以前，忍者为了掩人耳目，就乔装成农民混入成群的农民当中。他们穿上农民干农活儿时穿的衣服，用手巾包着头和脸，这样的装束就成了忍者行头。

以武士时代为背景的电视剧和电影里出现的忍者，大都穿着肥肥大大的和服裙裤。如果穿着那样的裤子，行动时很容易被卡在地板下面或者天花板和屋顶之间。

---

① 日本的工薪族都穿套装上班。

而农民干农活儿时穿的衣服最合身了，干净利索，最适于经常需要悄悄潜入敌营执行任务的忍者。

上战场时的装束：
忍者参与攻城或者其他战斗活动时，通常都穿铠甲。大多时候都着便于行动及携带的折叠式铠甲，且身披带链条的帏裳。

平时干活儿时的装束：
战国时代人们基本都是自给自足的，如果不打仗，武士就从事农业生产活动，忍者也一样。所以这时候他们就是一副干农活儿的装束。

潜入敌营时的装束：
伊贺、甲贺的农民干活儿时穿的衣服都是深藏青色，虽说是在夜里，但在伸手不见五指的黑夜，身着这种颜色的衣服比黑色更容易与暗夜融为一体。

头巾：
如果是宽30厘米，长2米的布，只要一块就能把头和脸完全遮住。

上衣：
为了不被钩住或扯住，袖口上有手背套①。

手背套①：
夏天防虫、冬天保暖以保护手。晚上遮住手背，不致露出白白的手，暴露目标。

护身带：
用长1.8米的白布做成，从脖颈开始绕过两胯之间，最后系在腰上。这样很容易从脖子上取下，有时也被当作绳子和绷带用。

袴：
和现在打鼓的人穿的裙裤不同，不会松松垮垮的。

足袋②：
为神不知鬼不觉地潜入别人家里，有时在布袜底装上厚厚的棉花。

绑腿：
上下的带子都系在前面，用来固定住裤脚。当跪地时，上面的带子系成的结就成了膝盖垫子。

---

① 手背套，原文“手甲”，在行商、旅行、户外劳动时，为防止外伤、寒气、日晒而戴在手上的布制防护套。由三角形或半圆形的手背部和筒形的手腕部组成。

② 足袋，日式布袜，短布袜，大脚趾与其他四个脚趾分为两部分，将脚后跟的上部用搭扣固定。

上衣：

为避免搜身时暴露身份，绝对不能放有表明身份的东西。可以放药、针、火柴等容易潮湿的东西。

手背套：

里面藏着吹箭，藏细长的手里剑，可以防身。

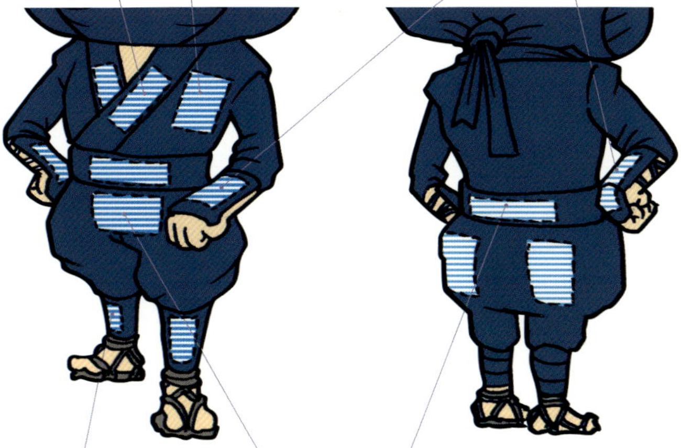

绑腿：

敌人攻击时，为了保护自己的脚，有时也藏细长的手里剑。

袴：

裙裤腰带卷至裙裤带子的上面，里面可以装东西。

背带套：

把大一些的工具都放进袋子里背着。金属的、而且尖锐的工具装进皮袋子里。

忍者六具

都说忍者经常带着“忍者六具”的六大类道具。但是，忍者并不是一直带着这些道具的。只有为了执行任务奔赴敌方阵营，也就是需要出远门时才带着六大件。其实这些工具不只是忍者，也是以前惯于旅行的人都会带的旅行套装。江户时期出版的《旅行必备集典》，即当时的畅销书，也介绍了这六具。既然出门旅行的都读过这本书，所以这六具也就成了很普通的东西。

那么，一般的旅行家是如何利用这些工具的呢？例如，斗笠，晴天用来遮阳，下雨时当作雨伞，用来

药（印笼）

钩索：

可以用来攀登或从高处降落，抡起来也可以当作武器使用，还可以用于将敌人捆绑起来的捕绳术（早绳术）。

挡雨。钩索，当不小心有东西掉进井里时，可以用它很轻松地把东西钩出来。绳子可以用来晾衣服。石笔用来做记号。三尺手巾就和我们现在的手帕及毛巾一样。因为以前大部分的客栈都是自带食材、自付柴火钱后自己做饭的小旅店，所以忍者们用打竹做火种，烧饭或者寒冷时当怀炉使用。药品是医院极少的古代的必需品。与一般的旅行者相比，忍者在各方面都充分地利用这六具。另外，因为一般出远门的人也会带上这些东西，所以忍者们携带这些东西也就不会被怀疑。

三尺手巾：
用黑中透红的苏芳染布料制成、用于过滤泥水来喝、缠头、包住头脸（作为头巾或面巾）、做腰带等，也用来翻墙走壁。

火种：
对于经常使用火药的忍者来说不可或缺的就是火种。类似于现代的打火机之类的东西。

石笔：
画敌方城堡的透视图以及记笔记、写报告时用的笔。有用炭烧的和用黏土烧制的笔多种类型。

编笠：
除了防晒和挡雨之外，也便于忍者用来隐藏真容。

忍者的宅第和机关

各个和忍者有渊源的地方都有忍者住的宅第，以供游客参观。这种宅第从外面看上去只是一层小平房，但是屋内却是三层楼构造。里面布满了各种精妙的机关，看到这些，我们不禁被忍者的智慧所折服。

但是，在江户时代大名的住所、京都的二条阵屋和加贺藩前田家，必要时能当作军事设施使用的妙立寺（石川县金泽市）有更多与此相似的机关。据说，大名府第的机关是为保护屡屡被暗杀的君主而设置的。

另外，古代没有银行，钱都放在家里。富豪的家中为了防止强盗也会布下各种机关。但是，忍者们要保护的却是制作火药的方法。战国时代，左右战争的最先进武器是大炮，它的射程取决于火药。忍者是火药方面的行家，也很擅长制作火药。因此，忍者宅邸里面的机关主要是为了防止来盗取火药配方的人接近火药室，或防止他们带走生死攸关的火药配方。

秘密阶梯：

伸向二楼的阶梯平时就像隔板一样吊着。上楼后，便用绳子把梯子收起来。

密室：

设置在无法从外面看见的一二层的夹层或三楼阁楼等隐秘的房间内，忍者们在那里面调配火药。

藏物暗格：

一般人家都把钱物等贵重物品藏在家里最隐秘的地方，而忍者们却反其道而行之，把东西藏在檐廊等显而易见的地方。

藏刀：

忍者在宅第各处都藏着刀以防敌人入侵。平时一般不会踩上去的门槛周围，只要一踩上去地板就会翘起来。

饮食和健康

主要饮食生活

俗话说“药食同源”“食亦生药”，古代人为了健康，非常注重饮食。忍者也不例外，他们主食粟米、稗子、荞麦等杂粮和薯类。那时大米和小麦是盛筵上才有的，经常和豆腐、味噌汤、腌梅子、蔬菜等一起搭配食用。

谙熟大陆文化的忍者也会食用中国古代的修道人士食用的黑米、黑豆、黑榅桲、黑芝麻、黑松子。因为黑色的食物能使人精力充沛，所以除了黑松子，他们也经常食用具有“使五官更敏锐”及“恢复活力、永葆青春”功效的松子。另外，他们还经常食用栲树、桑树、茱萸、七叶树、栗子树等树木的果实。榧子树的果实可以御寒，一般在寒冷的夜晚食用。

大蒜、韭菜、洋葱及肉类等气味容易被敌人觉察到，而且会加重体味，所以执行任务前忍者们是不会食用这些东西的，更不用提抽烟了。都说“鹌鹑会隐蔽”，所以出发前他们都喜欢吃鹌鹑蛋。

说到喝的东西，为了健康，忍者们经常喝竹叶茶。

特效减肥食谱

也许你会觉得忍者们肌肉发达，但是实际上他们外表看起来很纤瘦。他们经常隐蔽在天花板或者地板下，或急速移动，如果胖了可不行。肩膀窄、骨盆不突出的体型比较理想。体型结实的彪形大汉太显眼了，容易被敌人发现。所以，作为忍者，身形纤瘦的人最为理想。

据说忍者有体重限制，不能超过一袋装米草包（约 60kg）的重量。为什么以装米草包为基准呢？忍者日常会训练只用大拇指和食指抓袋装大米草包。这是为了锻炼贴在天花板上所必需的力量，如果自己的体重比米草包的重量轻，那么单手就能够悬垂在天花板上。另外，攀爬石墙或徒手与敌人搏斗时都需要有力量的手指。

为了保持精干的身材，忍者们平时很注意饮食。不暴饮暴食是最基本的，为了变成不易长胖的体质，他们经常食用薏苡[①]。有很多食用方法，最常见的还是做成饼。还有糙米，比我们现在食用的白米更有利于保持身材，而且不会导致便秘。

① 薏苡，苡米。禾本科一年生草本，原产南亚。颖果整个形状很像念珠，但籽实缺乏光泽并易开裂。籽实可作药用、食用，叶可作茶叶的代用品。

随身携带的食物

掩人耳目奔赴目的地的忍者，经常抄荒芜人烟的小道行进。这种情况下沿途也没有卖食物的商店，所以就得带上干粮。现在我们登山时带的食物，即使不去登山用品店，在一般的食品店也有很多罐头等便利的速食品可供选择。

那么，在没有速食品的古代，忍者们又是怎么做的呢？俗话说“人是铁，饭是钢”，所以从很久以前就有了为打仗和旅行而准备的“干饭”。蒸过的米晒干后能长期保存。在冷水或热水中也会很快涨开，也能直接干吃。另外，把晒干后的芋茎（芋头类的茎）搓成球状，穿成串，也可以随身携带。有趣的是，有管从肩上像绶带一样垂下来的芋茎串，叫“玉绶带”的说法，在战场上可以切断煮了吃。

虽然忍者会带这几种“便利”食品，但是还有更多袖珍的、特别的携带食品。例如，止渴的“水渴丸”。这是把梅肉、冰糖、麦角（寄生在谷科植物果实上的菌块）三样东西捣碎，然后搓成药丸大小。解饿的有“饥渴丸”，这个是把胡萝卜、荞麦粉、小麦粉、山芋、耳草（甘草）、薏苡磨成粉末状，放入酒中浸泡三年，待酒全部干后，搓成桃核状即可。据说如果一天服用三颗的话，身心疲惫俱消。

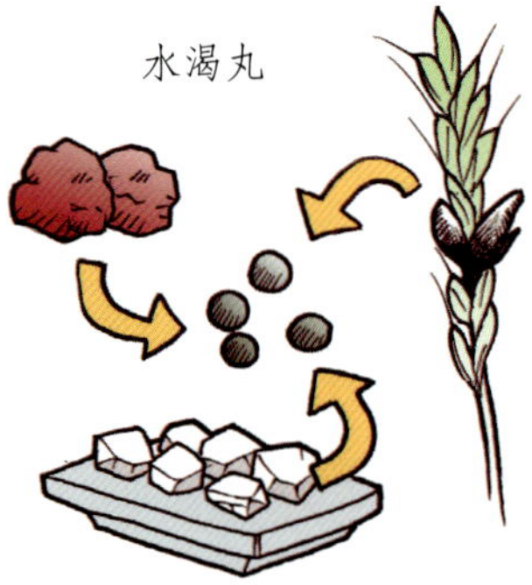

饥渴丸

其他还有很多，都用了各种各样的材料，营养价值很高。据说第二次世界大战（太平洋战争）时期，以忍者传书为基础而制作的携带食品，分发给了需长途飞行的飞行员。

现在，在伊贺一带，作为特产，人气很高的点心“烤硬”原本就是保存性食品。因为在伊贺无人不知无人不晓，所以忍者传书里就没有介绍了。它轻便小巧，是非常理想的携带食品，伊贺忍者经常食用。

他们用青竹水杯装水，用大叶竹包饭团，这样不易变质。历经饥渴极限磨砺的忍者们用的携带食品，对于我们应对地震和其他灾害都有不菲的参考意义。

小而轻，富含油脂，利于保存体力。

求生的智慧

左右生死的草药

谙熟药物的忍者们经常进深山采草药，制成各种药，用于疗伤和治病，也用于毒杀敌人。因为伊贺和甲贺都盛产草药，所以忍者们对草药了如指掌。也因为很多谙熟中药的外国人在日本定居，所以药物的制作方法也就传开了。

忍者们用的药当中有使对方睡觉的“催眠药”及使自己不眠的“提神药”。

另外，忍者大多都乔装成山中修行的僧侣。僧侣们一边在全国各地分发神符，一边加持祈祷治病救人。虽然看起来病是因为祈祷而治愈的，其实“僧侣”们偷偷地用了药。通过治愈疾病而赢得人们的信任，进而接近敌方的主君，然后下毒。这也是忍者的工作。

掌握时间的方法

为了掩人耳目，忍者们通常单枪匹马潜入敌营。有时一个人行动，有时和战友会合后行动。这时就需要定下时间，才能会合。虽说定下时间，可是古代没有能够准确计时的工具，没法像现在这样精确到几点几分，只能定下一个大概的时间。

如果在现代，忍者们可以使用手表。但是在古代，他们又是怎么掌握时间的呢？白天他们会借助口袋里的袖珍型日晷，这是江户后期才出现的计时器，在这之前都借助太阳的位置来判断时间，晚上则借助北斗七星的位置来判断时间。另外，他们也借助潜入的宅第，凭猫的瞳孔的大小和形状来判断时间，也就是所谓的“猫眼时钟”。

猫的瞳孔：

上午及傍晚时与柿子核差不多大。

晴朗的白天时最小。

傍晚至黎明时最圆。

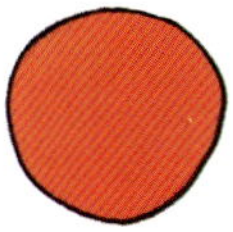

白天依靠太阳的位置掌握时间。

掌握天气的方法

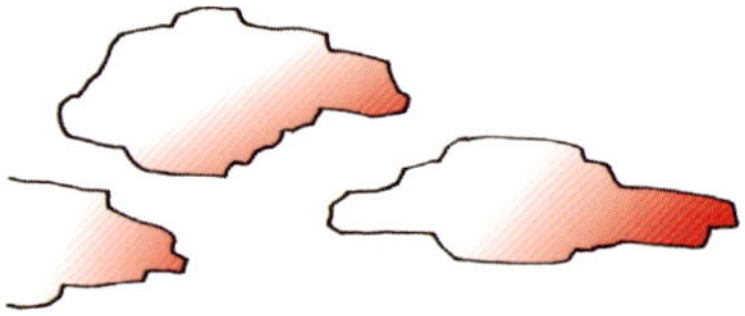

根据忍术，在外地预测天气时，最好询问当地人云的变化和天气的关系。古代的农民、渔民、猎人都是根据云的变化预测天气、根据长年积累的经验判断天气的。

云的颜色变成红白色的话，第二天会有大风。

因为要利用风雨天气执行任务，所以忍者必须了解天气情况。大雨的晚上，在雨声中行动不易被察觉。风大的日子，在敌城内或城下町放火，风助火威，能够烧个片甲不留。更神奇的是，忍者们竟然知道高温干燥的风是从山腰往下吹的，即“热风现象”。清楚地显示天空的颜色和气流状况的“火烧万户之象”，是放火的最佳时机。和忍者有着密切关联的山中修行僧侣则利用真言密教的占星术“二十八星宿秘奥秘传”预测天气。即通过观测二十八种星星占卜，掌握天气状况。

有月晕的话，明天会有雨。

掌握方向的方法

北斗星几乎在一年内的任何时候都能看到。

对于经常需要避开设有关卡的街道，抄人烟稀少的小路的忍者来说，也有迷路的时候。站在山脊上周围一览无余，便于确认方位，所以在山里迷路时，忍者们就会爬上山脊。沿着山脊走不会迷路，特别是在冬天积雪的山上，沿着山脊走比较安全。但是山脊上山风大，也很危险，沿着斜坡容易滑进山谷。

在古代，指南针是稀罕之物，如果被搜查行李的人搜出来身份就会被怀疑。因此，人们常常把随身携带的针变成指南针。把针的一端加热至红，迅速浸入冷水中，这样针就带有磁性了。然后给针涂上蜡，轻轻地放入水中，这样针就能指示南北了。也有不涂蜡，插入涂了漆的树叶形纸片来制作的。晴朗的夜空，只要看北极星和北斗七星的位置便能分辨东南西北了。

把针头烧红，然后迅速放到冷水中，针就带磁性了。

找水的方法

山中清澈的泉水及河水，一下雨就会变混浊。这时就需要先用槐木染布或苏木染布过滤后才能饮用。这种布是“忍者六具”之一，平常可作手巾和腰带用，潜入作战时又可用作头巾和蒙面。如果实在找不到水源的话，就得找地下水了。大多情况下，在慈姑[①]、燕子花[②]、芦苇等茂盛生长的地方，挖下去的话肯定能找到水。其次，在蚂蚁和蝼蛄穴附近也能找到水源。另外，在地面插上很多羽毛，如果羽毛迅速濡湿，那么，那里肯定能找到水。据说在洞窟裸露的山地上，铺上手巾，第二天如果手巾因为吸水而变沉了，那么那里肯定也有水源。

蚂蚁和蝼蛄会在有水的地方建巢。

有水的地方乌鸦的羽毛湿淋淋的。

---

① 慈姑，泽泻科多年生草本植物。高 30cm~60cm。叶丛生，箭头形。8~10 月开雄花和雌花。长于水田等湿地。

② 燕子花，鸢尾科多年生草本植物。叶呈阔剑状。初夏花茎前端开蓝紫或紫色花。长于潮湿地。

野外露宿的诀窍

对于常常抄小道的忍者来说，露宿野外是家常便饭，只不过古代的露宿可不像我们现在的露营，非常不方便，有时甚至会搭上自己的性命。在古代，日本时常有大野狼出没，袭击人类，现在已经灭绝了。那时为了防止狼的侵袭，人们经常整晚都打着火堆。

在火堆地下，埋下米，可以做饭。

火堆除了能防止狼的袭击外，还有很多其他的功效。比如做饭，事先把米在水中长时间浸泡之后，用手巾包住埋进地下，然后在上面打火堆，这样，香喷喷的米饭就做出来了。寒冷的冬天可以把火堆移开，睡在打过火堆的地方，地面暖暖的就像睡在暖炉上一样。

另外，有"野外帷帐"之称的外褂，里面用树枝撑起来，像帐篷一样，搭成三角形，可以防止露水。下雨天就得在树下搭窝了。

睡在打过火堆的地面上，有余热，所以很暖和。

·忍者小故事·

乘风筝的忍者

小时候，我看过很多有关忍者的电视剧和动漫。每次都像是钻进电视机里一样看的“蒙面忍者·赤影”，主人公的搭档——白影乘着大风筝威风凛凛的场面，让我尖叫。

一直以为那是特摄效果，但是看了芥川家代代相传的芥川流忍术传书后，我折服了。芥川流活跃于长野县松本市的国宝松本城一带，效忠于松本藩。芥川九五郎左卫门义矩是其流祖。他出身于甲贺，可以说芥川流忍术属甲贺流。传承给子孙后代的忍术秘籍《甲贺忍术机密》中记录了许多令人称奇的秘密。“芥川流能空降奇火”，这绝不是空穴来风。

这是发生在很久很久以前，源义家（1039—1106）于宽治元年（1087）进攻奥州的金泽城时的故事。芥川流忍者服部源藏，做了一个很大的纸风筝。在一个大风的夜晚，源藏乘着风筝借着风势飞到了金泽城的上空放火，发动了火攻。

我猜服部源藏个子应该不高，而且很瘦。换句话说，确实有宛如白影一样驾着风筝的忍者。书中说，芥川流都把这当作秘密。只以寥寥数笔写下很久以前可以空降奇火，至于个中风筝的秘密只是以口相传罢了。没有人能够驾驭风筝时，就在风筝上做一个酷似太阳的标记，然后设置点火机关，风筝在空中打开之后火就会落进敌城。晚上放带火的风筝会暴露目标，于是把点着的火把放在画了太阳的位置，加上风筝的掩饰，这样放飞到敌城上空。不知道他们是怎么做到如此精妙的，即使在无人驾驭的情况下也能把火把投进敌城。

离古代的甲贺不远的滋贺县东边的近江市、八日市，有日本最大的风筝节。很可能是为了纪念能搭载人的大风筝而设立的。

忍者的武器和道具

忍者使用各种各样的武器在乱世中叱咤风云。除了刀和手里剑外，还有很多不可思议的武器。

忍者用的刀

电影和漫画等经常出现忍者用的刀，也就是所谓的“忍刀”。大大的正方形护手、笔挺的刀身，一看就和别的刀不同。虽然作为武器的杀伤力比较大，但是比一般刀刃尖锐的刀要难刺很多。那么，这个刀到底是用来做什么的呢?

（刀鞘垂下的）绦带将近 3 米长，鞘尾很尖锐。衔住绦带的一端或者系在脚腕上，把刀竖直插入地面，然后双脚踩住宽大的护手并以此为跳板，爬上围墙或者墙壁后，拽住绦带，然后拉起刀。看到这里千万不要感叹“原来是这样”，请仔细想想，这样做其实顶多增高 1 米左右，是只要助跑就可以达到的高度。另外，如果取下鞘尾，刀鞘还能当作水下排气管，可以潜水。但是，实验表明，刀鞘的长度大约是一般排气管的两倍，太长了不利于水下呼吸，即使在浅水处也会发现这样的缺点。所以，绝对称不上是便利的道具。

虽然不叫“忍刀”，但是类似的刀在某些武术流派的秘籍上出现过，那些流派不是忍者，是习武之人。所谓习武之人，就是到处学习武术、切磋武艺的人。现在被称为“忍刀”的，其实都是习武之人用的刀。

江户时代，效忠各个藩主的忍者武士，他们刀鞘上的涂漆和绦带的颜色随藩主的不同而不同。只要看他们的佩刀就知道他们的君主是谁。同理，忍刀也一样，如果乍一看就知道是忍刀的话，那么忍者的身份也就不攻自破了。虽然可以偷偷地携带，但是一旦被捕或在过关卡时被检查出来，就难以自辩了。因此忍者的刀，必须是看起来和一般的刀一模一样的。万一被捕时也能够自圆其说，这样才可以随身携带。也就是说，忍者独有的“忍刀”是不存在的。

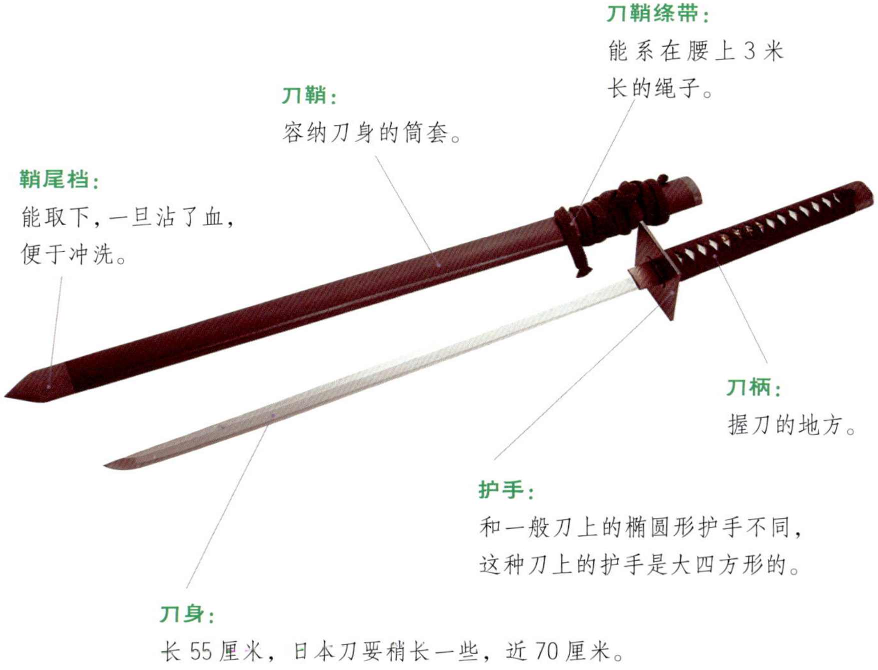

刀鞘绦带的用法

以下介绍几种来自忍术传书《万川集海》有关刀鞘绦带的用法。

定位对手

潜入敌人宅第，避免遭到敌人埋伏时用的方法。抽出刀，刀的尖端挂着刀鞘，用嘴衔住绦带，不要让刀鞘掉下。当刀鞘的一端碰到敌人时，可以立刻拔刀斩杀对方。

抵御长矛

这是与持长矛的敌人搏斗时用的方法。把绦带的一端绑紧在刀上。抽出刀，右手拿刀，左手拿鞘，用绦带缠住刺过来的长矛。

随身枕头

睡觉时，用绦带拴好大小两把刀，垫在身下。这样，刀不会被偷走，而且紧急时刻还能把绦带挂在脖子上迅速逃走。

野外帐篷

在“野外露宿”那一章也有介绍，当把外褂当帐篷用时，树上没有绳子时可以用绦带。

捕绳

活捉敌人时的捕绳术，有时也用绦带。有时为了止血，绦带可是帮了大忙。

手里剑

说起手里剑，那可是忍者的拿手好戏。但是，在古代，手里剑是武士的非本行技艺，和本行技艺的弓箭、长矛、剑术一起练习。据说江户时代的第十五代将军德川庆喜很喜欢手里剑。

手里剑分为各种不同的形状，大致分为棒状和车状两种。

“扔”手里剑的说法是错误的，按照“手里剑打法”，对于手里剑，我们应该用“打”字。我们经常在漫画中看见忍者从怀里拿出手里剑连续不断往外射的画面。但是，能那么迅速地拿出来，也容易掉出来，转身或者摔倒时岂不是很容易受伤？考虑到安全行动，手里剑一般都装在皮口袋或厚厚的和纸“叠纸”做的袋子里。这样一来，当然不能马上抽出手里剑。使用时，如果是车状的手里剑，中间开一个洞，用铁棒穿起来，挂在腰间，确实有点危险。薄的手里剑能带 10 个，厚的可以带 4~5 个。

黑色的手里剑是因为铁烧至快发红时，用蚕丝布轻轻擦拭，这样蚕丝布烧过的炭就附着在上面了。这就是所谓的“染棉色”法。类似我们现在的烤漆。这样做可以使手里剑在夜里不会反光。

手里剑也叫“削斗剑”，就是削弱敌人战斗力的意思。手里剑不是一击毙命的武器。厚厚的和服及（窗帘一样的）垂布是很难射穿的。忍者只是扔出手里剑，扰乱敌人的架势，趁机攻击或者逃跑。

◆ 棒状手里剑

棒状的手里剑也有各种各样的形状。有细的、有粗的、有车状的、也有两头尖的等。

车状手里剑

流转“卍”字形手里剑：
“卍”字形手里剑的内外两侧都有锋利的刃，流转“卍”字手里剑的刃呈流线型。

折叠“十”字手里剑：
可以折叠，方便携带，用时打开呈“十”字。

“十”字手里剑：
最标准的手里剑。刃细、短呈“十”字，刃粗的也叫四方手里剑。

“十”字手里剑：
刃的尖端带箭头，一旦被刺中很难拔出来。

四方手里剑：
刃的尖端带圆形，形状非常特别的手里剑。

十方手里剑：

带有十个剑头。剑头多，所以容易刺杀敌人。

六方手里剑（变形型）：

带着螺旋刃的六方手里剑。

八方手里剑：

刃很细，而且中间有个洞。

“卍”字手里剑：

剑端锋利的手里剑，剑尖内外两侧都带刃。

六方手里剑：

带着粗粗的剑头，标准的六方手里剑。

手里剑的打法

握法

剑尖朝外时则直接扔出去，剑尖始终对准目标。

剑尖朝向自己地扔出去，手里剑一边回旋着一边飞出去。

车状的手里剑，则用拇指和食指握住下面的剑头。

伏射

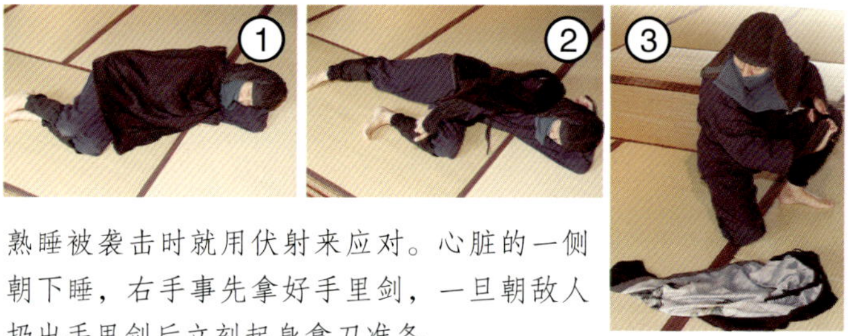

熟睡被袭击时就用伏射来应对。心脏的一侧朝下睡，右手事先拿好手里剑，一旦朝敌人扔出手里剑后立刻起身拿刀准备。

上射

将手里剑在自己的头后面拿好，边转身边射出去。来势凶猛，容易命中。

将握手里剑的手和同侧的脚置于身体前面，用腕力扔出，能迅速命中目标。

下射

将手里剑在腰后一带握住，边转身边射出。类似棒球里的低手投球。

扔手里剑一侧的手和脚放在身体前面，边弯曲膝盖边用手腕扔出去。

针和吹箭

忍者一般都带着针。这根细细的小针既能用来缝补衣服，危急时刻也能当作护身保命的武器。

用针的武术中有吹针术和含针术，一般都用“三棱针”。都是在和敌人扭打的瞬间瞄准对方的眼睛、趁对方怯阵时扑倒对方。虽然有点“卑鄙”，但是战斗并不是体育竞技，活下来的才是胜者。

吹针术、含针术起源于赴日的中国氏族，吴服部和汉服部。正如“服部”的字面意思，他们传播做衣服的织布技术。吹针术和含针术是女缝纫工的护身术，而且也是其后裔伊贺的服部一族的看家本领。

甲贺也有服部党，传承了伊贺的服部氏。甲贺的服部氏内流传的“羽衣石宫门流飞针法”，只要一针就能让对方毙命，是非常可怕的针法。另外也流传着只要一针就能救命的针法。做针线活儿眼睛疲劳、肩膀酸痛时就扎针治疗，这样慢慢地发展成了“扎针疗法”。

对于忍者来说，针是最小的道具，有缝补衣服、守身护命、治病救人三大功效。

吹箭：

把针装进吹筒里吹，在暗杀用的针上涂毒药。为了不让别人发现是吹箭，所以有时会把笛子当吹筒。在和纸做的羽毛上涂上涩柿子汁，可以防止沾上口水，提高命中率。

吹针：

把五根乌鸦的羽毛管子捆在一起，在里面放进五根针，衔在嘴里吹出去。也有特别制作的黄铜吹筒。

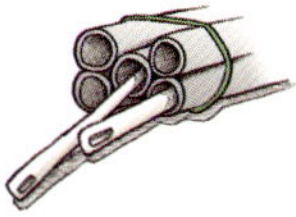

三棱针：

从侧面看与一般的针并无区别，但是它的断面呈三角形，现在用来缝制棒球手套等皮革制品。比一般的针刺得更深，所以更具杀伤力。

含针：

直接把针含在嘴里吹出去。一般认为用吹筒能吹得远一些，但是如果加以练习的话，直接从嘴里吹出去，能吹得更远。据说，即使没有吹筒，也能一次性吹出好几根。

不会被怀疑的武器

为了不被怀疑，很多时候，忍者们并不随身携带武器。乔装时会带上对应的乔装身份所用的工具，作为武器防身。忍者使用的武器虽然很多一看就是特别制作的，但大多数都是以前人们日常生活中常用的工具。

农业生产用的镰刀现在虽用来割草，但还可以制作成戴在手上、带铁爪的“手甲钩”，戴在指甲上、圆锥形的“角指”，用来清除稻田和石头墙上的杂草。

手钩：

也叫手甲钩，原本是用来割草的。因为铁爪之间的空隙很窄，如果被钩住，就会留下难以缝合的伤疤。

双节棍：

由手棒改良而来，更接近武器。用铁链连接，棒的前端也包着铁皮。

用一根短短的细绳把两根用于脱谷的手棒连接起来，就做成了中国功夫里的双节棍。冬天烤火时火盆用的长长的火筷子，顶端打磨至尖锐，用短短的铁链把它们连接起来，成了“铁筷子”或“铁火筷”，也可以像双节棍一样使用。乔装成园丁混进敌人家里，就把能砍下大树枝的剪枝刀，即“万字刀”当武器。冬天路面结冰或者通过潮湿的圆木桥时，为了防滑而戴在脚上的“足甲钩”，向下踩着或者向下踢起就成了攻击性的武器，有时也戴在手上使用。

足甲钩：

戴在脚上防滑，由于带有尖锐的爪子，踩或者刮都会使对方受伤。

火筷子：

夹炭火的火筷子。铁制而且很硬，是不错的武器。

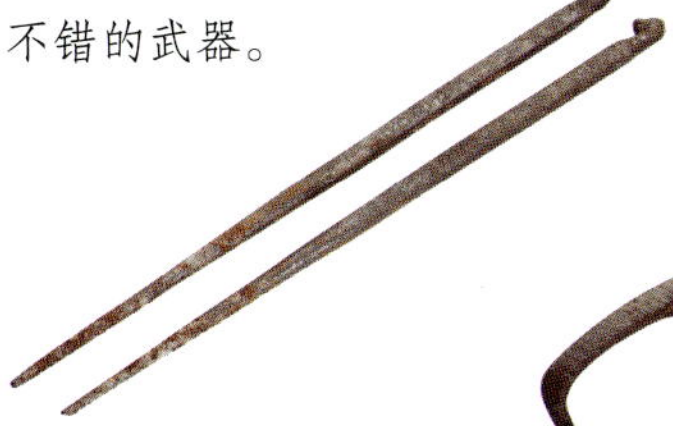

爪钩：

原本拴上绳子后用来捡掉进井里的东西。忍者一般用它来钩住或者拉住敌人。

隐藏武器和逮捕犯人的道具

为了蒙混严格检查路人的关卡，忍者们把鱼鳞当隐形眼镜戴着，以假装盲人。对于盲人来说，拄着手杖走路是很正常的。这样一来，经过关卡时就不会暴露身份。

而这时忍者们就会把刀、长矛、铁链、铁砣、迷眼粉末、气枪等各种武器装进手杖里。手杖也分很多种。当化装成僧侣时，他们就会在锡杖里藏刀剑。

如果手杖很小的话，男忍者就在烟管里藏小刀，女忍者们就在发簪里藏小剑。

万力锁：
在铁链的两端装有铁砣，甩出去后能缠住对方。

袖钩子：
长柄头上装有刺，能钩住对方的袖子。

十手：
在古代剧中常见的捕棍。有的也装有铁链和铁砣。

钩索：
用于翻墙或钩住敌人。

折叠铁扇：
看起来像扇子样，其实里面装的是短刀。

抽伸烟斗：
烟斗的头上装有小刀，趁敌人不注意时攻击他们。

现在看来是忍者的武器和道具的，其实大多数都是逮捕犯人的工具。所谓逮捕犯人的工具，就是用来活捉敌人的，是江户时代与力[1]和同心[2]的常用武器。因为在与力和同心当中，甲贺与力和伊贺同心中有甲贺忍者和伊贺忍者，所以他们使用的武器中有部分就成了逮捕犯人的工具。例如，十手，捕绳，钩索[3]、棍棒、突棒[4]、袖钩子[5]、捕叉[6]、鼻捻[7]、小刀、万力锁、锁十手、丸龙、骨棒，等等。现在，警校里还设有捕叉。

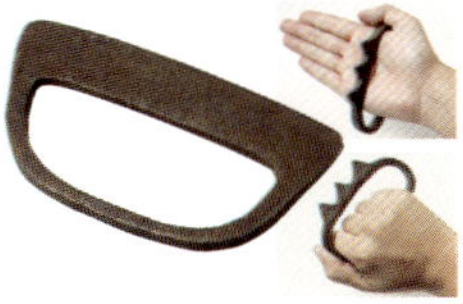

铁拳：

把它的刃处和尖端对外或对内握着攻击敌人。

寸铁：

套在中指上，用尖端刺出去。

藏刀手杖：

可以藏刀的手杖，有的可以藏长矛或分铜锁。

---

① 与力，捕吏，江户时代作为奉行、所司代、城代、大番头、书院番头的部下，指挥同心并分掌、辅佐事务之职。

② 同心，江户时代幕府的下级官员，在与力之下，主要负责庶务、警察等工作。

③ 钩索，绳端带有钩子的绳索，用于拉拽，攀登高处等。

④ 突棒，主要在江户时代使用的捉拿罪犯的一种捕具，在排列着铁钉的“T”字形金属件上装 2~3 米的木柄而成。

⑤ 袖钩子，钩竿。江户时代逮捕犯人用的一种工具，长柄头上装有数个铁钩的捕具，用来钩住衣服将其拽倒。

⑥ 捕叉，江户时代捕具的一种，在“U”形金属器件上安装一根 2~3 米长的柄，通过金属器件将对方的喉或手臂等摁在墙壁或地面上而将其捕获。

⑦ 鼻捻，驾驭马的工具，把带子做成环后装在 45 厘米左右的棒端，挂在马鼻子上，可通过捻动棒来控制马。

变化的武器

现在我们在河里捕鱼时用的投网，忍者们也会用它来活捉敌人。这个方法叫作“捕缚法”，投网被称作“捕缚网”。这时，网并不是被扔出去的，而是“撒”出去，或者叫“撒网扭摔”。人们一旦看到向自己迎面飞来的网就会惊慌失措，这样就能趁机制伏对方。

放在地炉或者火盆中用于支撑铁壶或者铁锅的火支架也被改造成武器。圆形的火支架本来有三条腿，改造后去掉了这些腿，只剩下上面的圆环，然后把这个圆环，除了手拿的地方以外，外侧和内侧都打磨锋

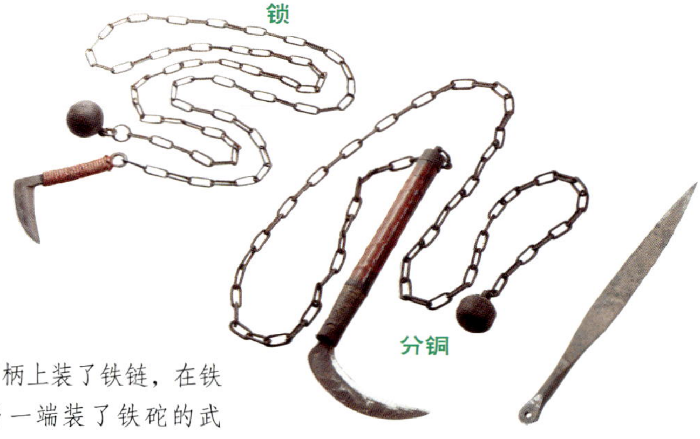

锁镰：
在镰刀柄上装了铁链，在铁链的另一端装了铁砣的武器。绑住对方的刀，然后向他们扔铁砣。

苦无：
用于凿墙眼的道具。分为很多不同的形状和尺寸。

利。这个武器就是“铁环”或者也叫“环”。忍者们通常一手一个与敌人进行搏斗。

相信大家都听说过“锁镰”，在镰刀上装上铁链和铁砣做成。由于使用起来不费力，它和长刀、短刀一起成为了女忍者的三大武器。在这样的锁镰上再加一根铁链和一个铁砣，就成了“双龙镰”。使用方法也就复杂了，而且是非常危险的武器。我们够柿子时用的“长柄镰”，也就是在一根长长的棍子上缚上一个镰刀一样的东西，忍者们不仅把它当作武器，而且把它当作爬高时的辅助工具。在水战时，他们就用它钩住对方的船只。

迷眼：

里面装了铁粉或者药粉，瞄准敌人的脸吹就可以了。

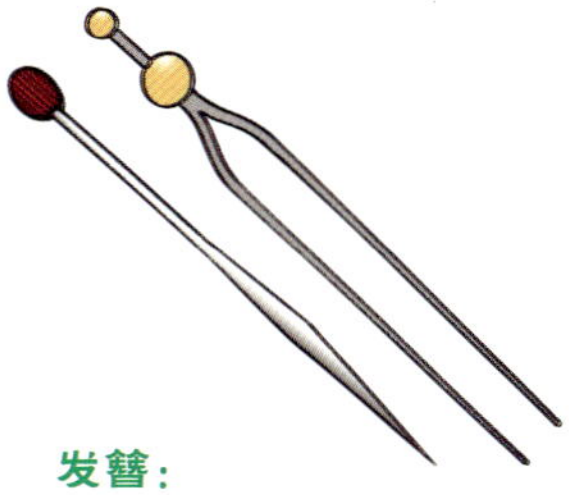

发簪：

女人的发簪无疑是最好的武器。

手枪：

小型手枪，和手掌差不多大。作为隐形武器被大为采用。

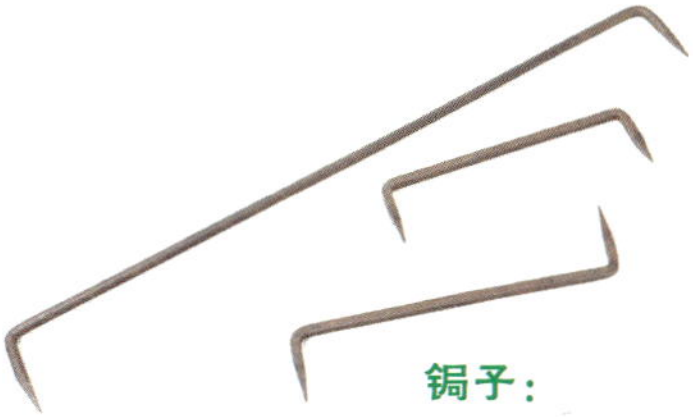

锔子：

一般用于固定门窗，以免它们拉开，但也常常被当作武器和登山时的道具。

钩索

①握住钩索做好准备，挡住对方的刀柄。

②③顺势攻入对方的怀里，当即用索钩钩住对方的腰带或者胯骨，然后顺着绳子往上，拳击对方的下巴。

④拳击后，一旦对方怯阵，立刻卸去对方的刀，抓住他的手，用绳子勒住对方的脖子。

⑤⑥把对方的手扭到背后，用勒在脖子里的绳子捆住对方的双手，使他动弹不得。

镰刀

①②拿好两把镰刀做好准备，用其中的一把挡住对方的刀。
③在和对方对抗的同时，顺即把另一把镰刀插入对方的两个手腕之间。

④⑤用挡住对方刀的镰刀和插入对方手腕之间的镰刀，摁倒对方，夺下他的刀。
⑥顺势绕到手无寸铁的敌人身后，把镰刀扣在他的脖子上，使对方束手就擒。

万字刀

打开万字刀，像双节棍一样挥舞。如果对方砍下来，就挥起万字刀迅速地将刀锋逼近对方的咽喉。

手甲钩

抢抓战机的同时顺势抓住对方的刀柄。在和对方争抢的同时用手甲钩砍倒对方。

长柄镰刀

握着长柄，挥起刀，用镰刀的刀刃钩向敌人。如果带了真正的刀刃，瞬间就能给予对方致命攻击。

投网

将投网一端的铁砣朝对方的手打去，刀就落地了。趁势将网盖住对方，使他动弹不得，然后捡起对方掉落的刀，刺向对方。

·忍者小故事·

忍者经常携带的道具

对于经常潜入陌生宅院的忍者来说，也会记不清返回的路，更不要说漆黑的夜晚了。这时，为了不迷路，他们行动时就会用一根稍粗的“道线”，长度大约从脚腕至眉梢。一旦被敌人发现了，因为是黑夜，追来的人就会被绊倒。即使长点绳子也不会占地。“道线”有时还能当作卷尺，测量护城河的长度和宽度。另外，如果衣服破了，或者草鞋断线了，都能用它缝补。

在古代，木匠和搬运木材的工人经常用的锔子，是用于连接两根木料、两端弯曲的铁制大钉子，很像日语片假名“**コ**”。根据用途不同，锔子的形状和大小也五花八门。小的虽然不占地儿，却偏重，但经常带着还是很方便的。既能作为“开器”固定窗门，也能作为“坏器”破坏敌人的围栏。仅仅30厘米长的锔子，既可以钩住手够不着的高处协助爬树，也可以插入石墙缝里方便翻墙。把木头捆在一起，嵌入锔子，就成了木筏，既可以渡河又可以跨过水渠。

露宿时锔子也能派上用场。钉成“井”字形，架上锅就成了灶台，也可钉入石中引火。也能迅速变成武器，把小锔子扔向敌人，当手里剑用。

总之，忍者喜欢不会暴露身份、不占地，又有多种用途的工具。

忍 术

如烟一般地消失，或悄无声息地潜入敌营。忍者掌握着各种忍术，以常人无法想象的状态和敌人搏斗。

易容术

忍者最重要的就是隐藏自己的真面目。善于乔装的人，乔装后连他们的父母、孩子、兄弟姐妹都认不出来。

忍术传书中将忍者的易容术称为“七方出而立事”，即“七化”。忍者往往乔装成这七种职业：虚无僧①、出家人、山中修行的僧侣、商人、放下僧②、能乐师、（忍者）平常的装扮。到了江户时代，各地都设有关卡，通过时需要奉行衙门③发行的通行手印及往来手印等，也就是当时的签证。山中修行僧侣、虚无僧还有商人，部分可以以向德川幕府提供情报为条件，获得自由通行的权利，所以忍者大多乔装成这三类人。

在警戒森严、熟人较多的地方就得使用改变脸型、体型、声音的“变脸”“变体”“变声”术。

“变脸”术除了使用粉扑等一般的化妆道具外，还会用到姜黄，以达到改变面部肌肤的效果。另外，还有故意涂上毒草，让脸部变得浮肿的，有连续数天

---

① 虚无僧，日本普化宗带发托钵僧。戴着深草笠，不穿僧衣，披着袈裟，吹着尺八，边乞讨金钱边云游修行。

② 放下僧，日本中世至近世在街头表演魔术杂技等的艺人，多打扮成僧侣。

③ 奉行衙门，日本在镰仓、室町、江户等武士执政的时代，各种在编公务人员执行公务的官署。

不吃不喝故意让脸变得消瘦的，有蓄发留甲装病人的，等等。因为大家都不会提防病人。虽然病人无法潜入重要基地，但神社和寺庙却能为其提供护身的场所。因为有很多人来参拜，因此便于打探各种小道消息。所谓“变体术”，就是拄着拐杖，拖着腿走路，假装瘸腿。忍者们经常从高处跳下，为了防止脚腕受伤，他们经常训练用脚背站立。因此，也有利用这个技能，用脚背走路的。另外，忍者经常要从狭窄的地方潜入，所以经常训练肩关节，因此也有利用这个假装受伤的。“变声术”可以变换出各种不同的声音，使自己完全变成另外一个人。使自己变弱，使敌人大意的乔装术，正是乘虚不备的忍术中最基本的基本。

七化

变脸术、变体术

脸浮肿

手残

脚残

蓄发留须

藏密函术

受大名所托，送密函也是忍者的工作之一。但忍者们担心在关卡及盘问检查行李时被发现，那时候即使有一点点可疑都会被搜身检查。即使这样，忍者们也要想办法掩人耳目，瞒天过海。书中经常介绍所谓的“藏密函术”，即在小刀上做文章，把密函藏在刀鞘里。但是，重要的密函应该不会这样藏。因为被捕时，最先被没收的就是刀。

忍者们通常把密函捻成线一般编入草鞋或斗笠，如果缝进衣领就更不易被发现了。和现代的纸不一样，和纸很结实，所以不用担心弄破密函。尽管如此，如果还是担心的话就用本书 73 页介绍的即使被发现也不会泄露密函内容的“隐文藏匿之法”。如果要经过检查更为严格的关卡，就把密函刻在头上。让同伴把密函刻在自己剃光头发的头皮上，头发长长后就会遮住，可以安然无恙地到达目的地，然后再剃了头发读取密函。这种方式虽然很痛，但比发现后经受敌人的严刑拷问要好得多。

在头上刻密函

①剃光头发，用刀把密函内容刻在头皮上。

②头发长长后，密函就被遮住，执行送密函任务。

③到达目的地后，剃掉头发，读取密函。

编入斗笠等

然后把细绳状的密函编入草鞋或斗笠，这样就能神不知鬼不觉地通过检查了。

隐文藏匿之法

这是旨在安全地把密函带到目的地的“隐文藏匿之法”。在木棒上卷上宽约 1 厘米的细长形纸片，然后在上面写上密函的内容。因为没有直径完全相同的木棒，所以密函的内容也不会泄露。

①首先在棍子上卷宽约 1 厘米的纸条。斜着卷上去，不要留有空隙。

②卷好纸后再写密函。

③送达之后取下纸条。光从纸条上是看不懂内容的。

④同伙送来密函后，为了看懂密函，也要把纸条卷在木棒上。因为同伴送来密函的同时，也会送来粗细相同的木棒。

⑤在同样粗细的木棒上卷上纸条后，就能看懂密函了。

在战事此起彼伏的战国时代，战争是不会挑时间的。忍者们有时会在敌人进入梦乡的深夜发动进攻，很可能在伸手不见五指的黑夜会错杀自己的战友。因此，为了分清是敌是友，忍者会使用暗号。在暗夜里，如果碰到对方，一对暗号，对方没有回答，那么肯定是敌方的人。有月对日、山谷对水、花对果实、大海对盐、火对烟这样简单的对子，也有烟对浅间、花对吉野①、云对富士、月对更科②、松对高砂③、梅花对难波等文学对子。

不只是夜里，白天也需要确认敌友。例如，奉“送密函”之命时，在没有照片的古代，送信人是否真是我方战友就不得而知。这时就需要用暗号来确认对方身份。除了暗号之外，也有把写了字和画了画的木牌劈成两半，然后合在一起确认身份的“符板”，也有用把能分成两半的簪（女人用的发簪）合起来确认身份的“割

① 吉野，位于日本奈良县南部，以吉野町为中心地带。自古以来，以樱花胜地和吉野杉的产地而闻名。

② 更科，自长野县更级郡到更埴市的地域名称，以姨舍山和田每之月等名胜而闻名，亦为荞麦产地。

③ 高砂，这里指能乐剧目之一，垫场能。讲述阿苏的神主友成在播磨国高砂的海滨遇见一对老夫妇，听他们讲述高砂的松和住吉的松树连理相生的故事。

簪”等。在昨天还是战友，但今天就有可能变成敌人的战乱年代，暗号每天都不一样。如果对错了，就会被攻击。对暗号也是冒着生命危险的。不管多么简单的对子，忍者们也会拼命记牢。

有关自然方面的暗号

花	月	榻榻米	森林	山	松	火	雪	青蛙	山谷	海	花	比	山
吉野	更级	缘	故乡	波	绿	烟	富士	井	水	盐	果实	月亮	森林

有关短歌等文学方面的暗号

萩	烟	花	雪
宫城野	浅间	吉野	富士

对符如果不合在一起的话，就看不出内容。

隐语

只有自己的同伴能听懂，其他人都听不懂的叫“隐语”。例如，广告界人士的业界用语以及朋友同事之间才能听明白的秘密用语。为了调查案件时隐藏自己的身份，警察也经常用隐语。忍者为了隐藏自己的身份也用隐语。忍者的隐语不是事先设定的，而是随日期和场所等的变化而改变，似乎是现场定的。

隐语如果暴露了就会失去价值，所以历史上几乎没有留下记录。仅仅因为是伊贺和甲贺出身，往往就会被怀疑是忍者，所以忍术传书中写道：“绝对不能使用伊贺、甲贺。”因此，初次会面的伊贺忍者都用隐语“我是**クリ**人”，这是把伊贺换成了“**クリ**”。为什么要用“**クリ**”呢？“**クリ**”＝栗＝“**イカ**”＝伊贺[1]。另一方面，因为从伊贺到都城（现在的京都）和南都（现在的奈良）都是 9 里（约 36km），另外，在“× 栗”或“栗 ×”这样带“栗”的地方，伊贺忍者曾经隐居（隐藏自己的忍者身份，过着普通人的生活）过。总而言之，一句简单的隐语其实蕴藏着很深的意味。

① 根据日文发音演变而来。

传达术

需紧急通知远方的同伴时，忍者一般使用狼烟。狼烟就是通过放烟雾发出信号，将需要传递的信息从这边山头迅速传到另一边。为了不和其他烟混淆，能够笔直地放出烟，在火药里混入日本狼的粪便，所以称作“狼烟”。另外，忍者还会用其他人看不懂的秘密暗号传递信息。利用石头的排列方式传递信息的“石置”以及折断树枝等通知后面的伙伴。还有撒“五色米”，把米染成青、黄、红、黑、紫五色，通过颜色的不同组合来传达信息。因为用染色粉染过的米不会被小鸟和虫子吃掉。

所谓“结绳文字”，就是把绳子系个结，挂在屋檐下，根据系结的形状告诉自己的同伴“先走了”“向北前进”等。如果要传达详细的信息就写信。忍者写信也用只有自己的同伴才能看懂的暗号文字，这样，即使被发现也不会泄露信息。

此外，还有“忍者假名”即所谓的暗号字。把“木”“火”“土”“金”“水”“人”“身”这七个字作为左边的偏旁，把“色”“青”“黄”“赤”“白”“黑”“紫”这七个字作为右边的组成部分，其实并不存在这样的汉字。用它们来表示 48 个假名。组字时有

“火之法”和“水之法”等组合方法，使得文字更难读懂。

在忍者的暗号字里还有一种“神代文字”，是在汉字从中国传到日本之前，他们使用的文字。暗号字并不好写，但是忍者们却能流利地使用“神代文字”。对忍者来说，“神代文字”是祖上传下来的普通文字。在汉字传开后，从其他人都看不懂这些文字的时候开始，他们才把“神代文字”当作暗号文字使用。

山中修行僧以吹号角的方式传递暗号。

把两面旗子上下挥动，用手旗信号传递情报。

想要通知远方的同伴时，升起狼烟。烟一定要直，以便和其他的烟区别开来。

神代文字

忍者假名

イ 栬	ロ ⿰火色	ハ ⿰土色	ニ 銫	ホ ⿰氵色	ヘ ⿰亻色	ト ⿰身色
チ 棈	リ ⿰火青	ヌ 埥	ル 錆	ヲ 清	ワ 倩	カ ⿰身青
ヨ 横	タ 熿	レ 墴	ソ 鐄	ツ 潢	ネ 僙	ナ ⿰身黄
ラ ⿰木赤	ム ⿰火赤	ウ ⿰土赤	ヰ ⿰金赤	ノ ⿰氵赤	オ ⿰亻赤	ク ⿰身赤
ヤ 柏	マ ⿰火白	ケ 垍	フ 鉑	コ 泊	エ 伯	テ ⿰身白
ア ⿰木黒	サ ⿰火黒	キ ⿰土黒	ユ ⿰金黒	メ ⿰氵黒	ミ ⿰亻黒	シ ⿰身黒
ヱ ⿰木紫	ヒ ⿰火紫	モ ⿰土紫	セ ⿰金紫	ス ⿰氵紫	ン ⿰亻紫	⿰身紫

被青、黄、红、黑、紫五色染过的米。凭借颜色的不同组合来传递情报。

记忆术

忍者有许多需要记忆的东西。从学习忍术开始，首先要学的就是记忆术。因为忍术除了需要用身体记忆之外，还有很多需要大脑记忆的东西。趴在梁上或潜在地下等时，无法在暗阁用笔记下听到的情报。有时会连续数日潜伏在暗处，所以必须依靠记忆力记下那些情报。而且，过关卡时若带着笔记本有可能被搜查，最安全的办法就是记在脑子里。为了能牢牢记住，经过多次锻炼后，忍者研究出一套独特的记忆方法。即把它们都换成别的东西来记。例如，难记的数字，就替换成身体的某些部位，1= 头，2= 额头，3= 眼睛，4= 鼻子，5= 嘴巴，

6= 喉咙。也有换成食物的，1= 芋头[①]，2= 煮梅子[②]，3= 山椒[③]，4= 椎茸[④]，5= 牛蒡[⑤]。

绝对不能忘掉的东西就使出“不忘术”来记忆。忍者一边想着自己必须记住的东西，一边在自己身上刻伤，每当看到自己身上的伤疤时，就会想起当时的事情，忍者把这个用在“记忆术”上。活在刀背上的忍者的艰辛可见一斑。

① 芋，日语发音イモ。一的日语发音イチ。所以第一个发音假名都是イ。
② 煮梅，日语发音ニウメ。二的日语发音ニ。所以第一个发音假名都是ニ。
③ 山椒，日语发音サンショウ。三的日语发音サン。所以第一个发音假名都是サン。
④ 椎茸、香菇，日语发音シイタケ。四的日语发音シ。所以第一个发音假名都是シ。
⑤ 牛蒡，ゴボウ的首字母ゴ和五的日语发音相同，都是ゴ。

对人术

不管科技多么发达，向来都是人心推动世界向前发展，这是亘古不变的法则。忍者还能操控他人的心理，使其按照自己的意志行动。这就是所谓的“五情五欲之理”。

所谓“五情”，即“喜”“怒”“哀”“乐”“恐”五种情绪。对人术就是干扰这些情绪驱使他人。“喜”就是恭维他，让他高兴，然后按照我们的意志行动。“怒”就是激怒性急的人，打乱他的平常心。“哀”就是让容易哭的人看到我们的悲伤，激发他的同情心。“乐”就是取悦容易轻信他人的人，达成我们的目标。“恐”就是恐吓胆怯的人，使其听从我们的指示。

所谓“五欲”，即“食”“色”“名誉”“财富”“风流雅致”五种欲望。对人术的另一个方面就是抓住这五个欲望的弱点驱使他人。“食”就是拿对方喜欢吃的东西勾起他的食欲，打动他。“色”就是拿对方喜欢的女人或男人勾引他。“名誉”就是说些能让对方出人头地或名声大噪的话，诱惑对方。“财富”就是用金钱诱惑对方。“风流雅致”就是抓住对方的喜好，投其所好。

忍者调查敌人的弱点，利用这一术，离间敌方关键的武将，在战前削弱对方的战斗力。

五情之理

五欲之理

步法

说起蹑足，大多数人都会认为是小偷的步法，其实是忍者的步法。本书第 85 页讲到的用蹑足步法行走发出声音时，从脚尖着地，就变换成“跷脚”步法。

在暗阁行动时，为避免被物体或者凹凸的东西绊倒发出声音，忍者们特意不抬脚，而是用蹭着走的“擦足步法”。在有敌人出入的地方，为躲避敌人的攻击，变换成擦着大腿内侧前进的“闭足步法”。如果感到危险时，又变成拔刀时的“小碎步”。右腿在前，小碎步滑步前进，类似剑道中的滑步步法。在放着物品的廊檐，用“跳足”步法以“Z”字形前进。在狭窄的地方，用单腿跳过的“单足法”。

贴着墙、横走的时候，以“横走步”大步幅迅速迈开前进。站在地下或梁上等没法走的地方，以“犬走步”和“狐走步”等前进。经过睡着的人的枕边时，以秘传的“深草兔步”前进，即把脚放在手背上走。

总之，为了不发出声音，忍者们会根据场所而改变步法。

蹑足步法

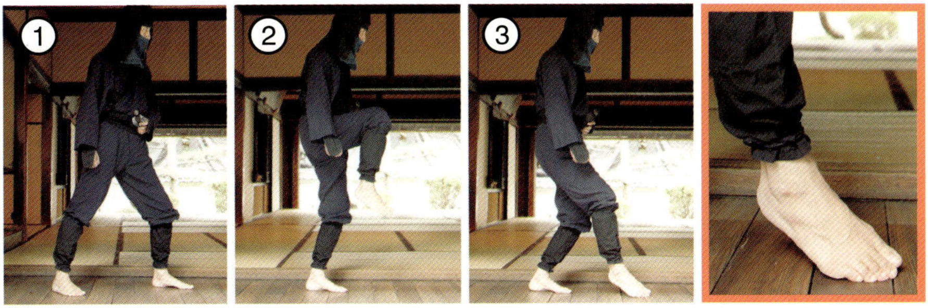

伸出脚并抬起（抽足）、着地（点足）时从小趾开始静静地着地（蹑足走路）。把抽足和点足两个动作结合起来就是蹑足步法。在经过铺地板的地面时用。

跷脚步法

即使用蹑足步法走路，一旦发出声音，就变换成了跷脚步法。和抽脚抬起的抽足步法一样，只是脚着地时不是从小脚趾开始着地，而是脚尖先着地。

闭足步法

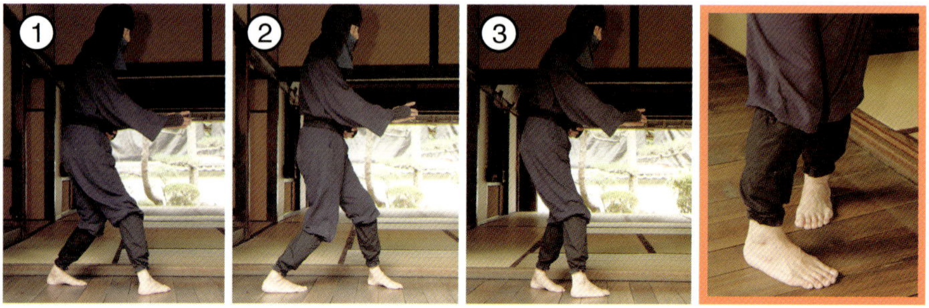

如果发现敌情时，忍者就以擦着大腿内侧的闭足步法前进。大腿合在一起时，脚就呈“八”字形，这样既容易前进，在敌人出现时也能立即应对。

擦足步法

在暗阁行动时，我们并不知道会不会有什么东西掉下来，也不知道地面的起伏状况。因此就采用不抬脚、擦着地面前进的擦足步法。伸手边试探障碍物、脚下边擦着地面前进。

横走步法

背对着墙壁，两手两脚不断交叉着横向前进。伸脚时脚尖和小脚趾先着地。

深草兔步

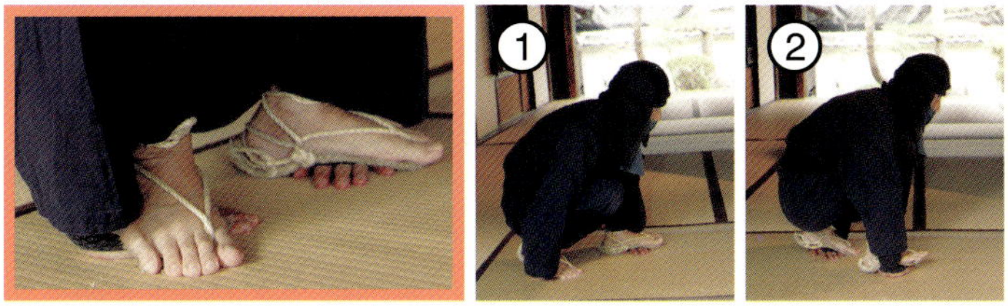

把脚放在手背上的“深草兔步”是最轻盈的步法。经过敌人枕边时使用。因为姿势低，即使被砍也容易防御。

犬走步法、狐走步法

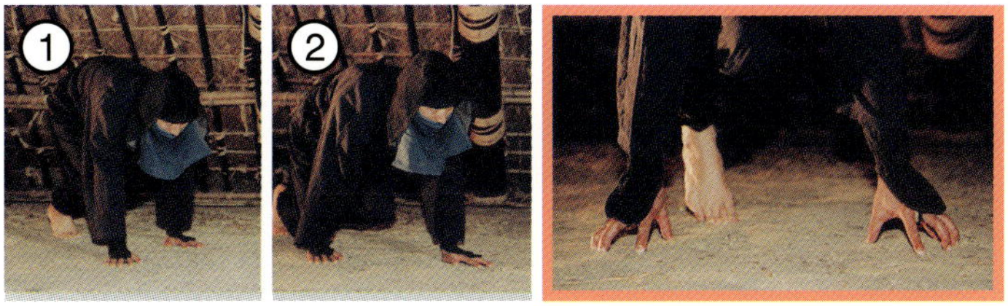

站在梁上等无法开步行走时，双手双脚着地像狗一样走路。如果发出了声音，就变换成手脚的前面部分着地的狐走步法。

跑法

现在我们可以通过电视或者网络及时了解各类新闻报道，但是在古代人们只有借助信和传言。依靠人力送信传达时，最快的就是忍者。善于长跑的忍者被誉为“飞毛腿”。

战国时代，效忠丰臣秀吉、被誉为“韦驮”①的忍者一天能跑 200km，他一个人拿五个人的俸禄。江户时代水户藩（位于现在的茨城县）被誉为“早道”的 7 天多可往返 960km。侍奉水户黄门（光国）的小宫山仁卫门，半天就可以往返于水户和江户，全程共 240km。

忍者之所以擅长长跑是因为他们有跑步的秘诀。“伊贺流千里善走之法”中就有“二重息吹”呼吸法，即反复进行“吸、呼、呼、吸、呼、吸、吸、呼”这样的呼吸。这里的呼吸并不是大口吸气或者呼气，而是有节奏、有律动地反复呼吸。虽然看起来有点难度，但只要心无旁骛就不会感到疲劳。此外，跑步时不要朝着远处看，尽量朝近处看，这就是收下巴。抬起下巴的话会

---

① 韦驮，婆罗门教的神，显婆神之子，在佛教中为僧人与寺院的守护神，作为腿脚快之神而闻名。

打乱呼吸，然后就会感到疲劳。另外，还有秘传说在肚脐上放梅干，跑步不易疲劳。只是，必须是以前那种又酸又咸的梅子干。因为很容易买到，所以马拉松的时候可以试试。

快跑时的基本姿势

长跑时的基本姿势是一只手在前，微微躬身，带刀时，事先把刀固定在身后，使其不会摇晃。收下巴，眼睛看着近处跑。

遁走术

当忍者孤身潜入敌营被发现时，就必须开溜。因为带回情报才是任务所在。他们会边跑边向追来的敌人扔撒菱。虽然是小武器，但是可以钉进对方的脚掌，使其放弃追赶。

撒菱中最常用的是天然菱角。菱角是生长于池塘和河中的水生草本植物，古人经常蒸着吃。据说和板栗味道差不多。菱角的果实，四个方向上都有尖尖的角，弄干后就成了轻而且尖锐的武器。也有金字塔形的硬木做的木菱角和铁做的铁菱角。铁菱角虽然杀伤力强，但是很难做，即使做出来了，如果就那么扔掉太可惜了。忍术秘传里也有写到用线串着好几个菱角，拽着逃跑的。逃跑时，如果不得不经过扔了菱角的地方时，就用“擦足步法”。如果撒菱放在怀里，那么摔倒时就会刺伤自己，所以得装在皮口袋或竹筒里。只能扔向敌人使敌人放弃追赶，因此不多带些的话并不管用，所以忍者们大多时候都得带撒菱。

在中国古代的兵书里也能见到撒菱，现在外国的警察为了制止驾车逃跑的犯人，也用铁菱角。因为不仅仅是忍者才可以用的武器，所以即使带了也不会被怀疑。更何况是吃的菱角。

各种各样的撒菱

①是天然的菱角弄干的，非常尖锐，拿在手上就很扎人。

②和③是铁制的菱角，有②四角防波石[①]形状和③金字塔形状等各种各样的形状。

①

②

③

① 四角防波石，四角护堤块。从中心向正四面体的顶点伸出四只圆筒状脚的大型钢筋水泥砌块。由法国人发明。

五遁三十法

“天遁十法”是利用自然现象逃跑的方法。背对着太阳，趁敌人的眼睛眩晕的瞬间逃跑的是“日遁”。“风遁”就是趁敌人因突然刮起的风和沙尘而闭眼时逃走的方法。趁敌人被雷电吓到的时候而逃走的“雷遁”也是趁着一点点的空隙而逃走的方法。

“地遁十法”是利用地上的自然物逃跑的方法。藏进洞穴和墓地等地方、朝敌人的眼睛扔砂土等而逃走的是“土遁”。藏进房屋和围墙等是“屋遁”。藏在大石头后面或扔路边的小石头的是“石遁”。潜入护城河、小河、池塘等中逃走的是“水遁”，“水遁”还包括往河中扔石头、发出声响，给敌人以进入水中的假象。

天遁十法：

日遁　月遁　星遁
云遁　雾遁　雷遁
电遁　风遁　雨遁
雪遁

地遁十法：

木遁　草遁　火遁
烟遁　土遁　屋遁
金遁　石遁　水遁
汤遁

人遁十法：

男遁　女遁　老遁
幼遁　贵遁　贱遁
禽遁　兽遁　虫遁
鱼遁

月遁

“人遁十法”是利用人和动物偷偷脱身的方法。逃走时对着守城的人一本正经地说道：“有可疑人物进城了，快把城门关上，连一只蚂蚁都不能让他出去。这是主君的命令。”说着大摇大摆地出城。如果守城的人相信了，就能悠悠地逃走。关门的时候还要大声叫着“我受主君所托，出城有点急事”。“人遁”大多需要高超的演技。

利用动物的“禽遁”，就是在晚上摇动以树为巢、聚集了很多乌鸦的大树，乌鸦受到惊吓后发出尖锐的叫声，在对方被乌鸦的叫声吓到的瞬间脱身。无论身陷多么险恶的境地，只要绝不放弃脱身的决心就会有绝佳的机会。

烟遁

虫遁

飞术

忍者的跳跃能力是不可小觑的。据说他们能以盘腿坐的姿势，蹬地而贴到天花板上或越过对方的头顶。都说忍者会每天练习跳渔网和竹子，增强弹跳力。其实，是在地上挖个洞，然后练习从洞里跳出来。洞的直径稍比腰宽一点儿，深度由 3cm 开始逐步加深。这样的练习无法助跑，也没法用手增加弹跳力。尽量不利用脚腕和膝盖的伸屈弹跳，以锻炼脚趾的力量。有时也会在身上绑上锁子甲[1]等重物练习。

从洞里跳上来：
练习从逐渐变深的洞中跳出来。

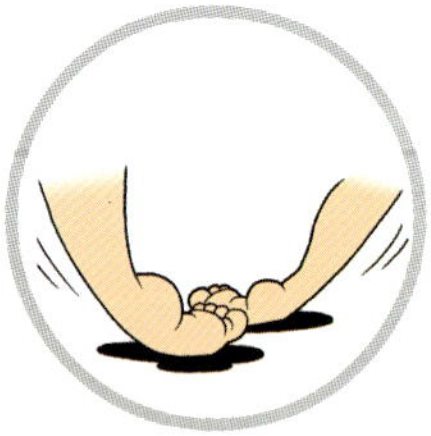

锻炼脚尖：
为了锻炼脚尖，训练用脚尖走路。这个非常有难度。

① 锁子甲，锁帷子，连环甲。把细链子连接在一起，缝缀在内衣上，穿在铠甲或衣服里面的一种甲。

当忍者爬到屋顶和围墙上，快要被发现时必须紧急降落。这时必须保持身体平衡，而且不能害怕。因此，以蹲着的姿势跳下来，能够减少因高度而产生的恐惧感。忍者模仿猫用四肢轻轻着地的跳跃方式，两手两脚同时着地。带刀时，就把刀当作尾巴，和双手双脚五个受力点一起着地以缓冲重力。如果从很高的地方跳下时，用所谓的“地降伞”，即把外褂和上衣等当成降落伞。

着地方法：
从高处跳下时，利用双手、双脚及刀鞘，减少缓冲。

登术

忍者常常要攀越石头城墙。攻城时爬城墙需要用镰枪。一般的镰枪是带月牙形的刃与枪头同向，忍者用的则恰好相反。他们用镰刀部分钩住围墙等，然后翻过去，别名叫“登枪”。这个也有更小的。用绳子把 2~4 个镰刀系在一起，做成锚的样子。在绳上系若干绳圈结，攀爬时用来固定手脚。把它投掷出去，挂在围墙上面进行攀爬。镰刀可以当武器用，忍者可以乔装成农夫，作为农具带镰刀也不会被怀疑。

镰枪：
内侧带刃。

镰刀：
把割草的镰刀绑在一起，系上绳索，投掷出去。

铁鎗子：
两手握着，钉入石墙里。

爬石墙时忍者们会用到“六膳”。这是金属制的楔子，相当于现在登山用的岩钉。六个一组，行动时带着。使用时钉进石墙缝和岩石里，当作抓手和立脚点。除此之外，也有用“五寸钉”的。“五寸钉”在危急时刻还能当手里剑用。忍者们虽然能妙用各种道具攀爬，但一般情况下不会用任何道具，类似现在的徒手攀岩。为此，他们一直锻炼手指脚趾的力量。能攀附在天花板上也正是赖于这种趾力。

铁爪：
戴在手上，钩着墙缝攀爬。

绳梯：
攀登危险的岩地时使用。

钩索：
忍者六具中也有介绍到的钩索。

隐身术

说起忍者，大家都会浮现出他们如烟般突然间消失的印象，其实他们只是非常高明地把自己藏了起来，给对方以“不见了”的假象。这种隐藏的方法就是“隐身术”。

当敌人靠近时，忍者们不慌不忙地藏在隐蔽处，用袖子遮住自己的脸，只露出眼睛，如佛像般一动不动，让敌人先过去，这就是“观音隐身术”。而“鹌鹑隐身术”就是把自己的手脚像鹌鹑一样缩起来，颔首、贴着石头，隐蔽起来。另外，嘴里不断念叨着隐身咒语，调

狐狸隐身术

树叶隐身术

整呼吸，以缓解害怕被敌人发现的紧张情绪。快被敌人发现时，就学猫叫等，以“模仿术”蒙混过关。“狸猫隐身术”就是模仿爬上树藏起来的狸猫。“狐狸隐身术”是指在过水时，跳入水中，只露出脸，用水草或树叶遮住自己的头的隐身之术。

“牙签隐身术”就是扔牙签，趁敌人转移注意力的空当把自己隐蔽起来。“扇子隐身术”就是趁扇子挡住敌人视线的瞬间躲起来。藏进树荫里的“树叶隐身术”包括躲在房子、岩石等的背阴处，以及混入人群。“雾隐身术”是指混进雾里，有时也指藏进火药的烟雾里。“义经雾隐之印”是指趁灰土迷住敌人眼睛之际隐蔽自己。

鹌鹑隐身术

狸猫隐身术

观音隐身术

水术

◆渡过护城河之术

古代的城池周围有好几层护城河。没有水的护城河趁着夜色貌似能轻松地过去，但相应地也会有很多守卫。忍术传书中介绍了蒲筏、瓮筏、葛筏以及可以拼装的“衣箱船”等渡水器具。但这些太显眼了，有时也不太实用。

要渡过有守卫的护城河而不被发现，忍者们会以“爬泳”之式静静前进，不能发出划水的声音。为了保证游速缓慢，他们会在腰上系上用动物的肠子充气膨胀而成的“浮球”。类似于现在的救生圈，像和服的带子一样绑在身上，称之为浮带。

蒲筏：

将蒲草捆成柱状，用原木或树枝横穿过蒲草柱，制作方法跟芦苇木筏类似。

到守卫很多的地方时，就得潜入水中渡河。漫画等作品中经常出现含着竹筒潜水的忍者形象，其实，如果竹筒长于水下通气管，就无法呼吸了。要渡过冬天冰冷的河水也有秘诀。现在我们可以利用潜水服，而在古代，忍者们却是裸着游过冰冷刺骨的护城河的（衣服叠好捆在头上）。只在下水前在眼睛、鼻子、肛门等身体的各个洞上涂上日本莽草油。另外，也会事先喝点酒暖暖身体。“这么冷的天，应该不会有人游泳过河。”忍者们正是抓住了护卫的这种松懈心理。

瓮筏：

把竹竿或者树枝做成“井”字框，中间夹着水瓮以制造浮力。有时也会用长枪来做边框。

衣箱船：

别名忍者船，能够分解成12个部分，可以组装，便于携带。

渡过泥沼之术

水器中有“水蜘蛛”，是直径大约 70 厘米、木制的圆形道具，使用时穿在脚上。有人觉得只要穿上这个就可以在水面上行走。其实忍术传书里只记录了“水蜘蛛”的图形和制作方法，有关在哪里、如何使用并没有介绍。人们从名字上都觉得是用于渡水的工具。

古代的城池都有利用自然湿地的泥沼护城河。现在，因为人会掉进去很危险，所以都被填埋了，我们也很少见到。但这个泥沼护城河既无法走过去，也无法游过去，也无法使用船和木筏，非常麻烦。所以，人们就想出了“水蜘蛛”。

“水蜘蛛”能帮我们分散集中在脚上的体重，然后顺利穿过泥沼。很

水蜘蛛：

穿在脚上过泥沼的道具，但是不叫“沼蜘蛛”，而是“水蜘蛛”。

可能是从在雪地上行走用的“雪橇”中得到的灵感吧。这种稀泥地很难过，所以守城者几乎不会去巡视，而忍者正是钻了这个空子。起名“水蜘蛛”而不是“沼蜘蛛”，就是为了掩盖其用来过泥沼地的功能，如果暴露了，守卫就会加紧戒备。

现在的我们也完全被忍术迷住了。忍术传书中并没有记录，而“水蜘蛛”在口传中都被称为“沼浮鞋”。

火术

伊贺、甲贺的忍者能轻松地弄到火药的原料，加上有很多熟悉火药的外国人在这里定居，所以火术很发达。忍者们拿手的火术，也各有不同。

对于在夜深人静时行动的忍者来说，火把是必不可少的。一般的火把都用松油，而忍者们则用火药做成各种不同的火把。在暴风雨的夜晚，即使发出声响也不易被发现，很方便忍者们行动，这时他们会用不怕风吹雨淋的“风雨火把”。还有“义经火把”，用的是水银，类似于我们现在的手电筒。

手提灯笼：
类似于手电筒的道具，内部的蜡烛座可自由旋转，即使倾斜烛火也不会熄灭。

火箭：
用来点燃房屋的道具。绑上装有火药的竹筒，点燃导火线后射出去。

也有使用火药当作武器的，被称为“火器”，包括叫作“埋火”的地雷、毒气、烟雾、手掷的爆炸火箭，还有在箭头绑着装满火药的竹筒的“火箭”。当时的“火箭”类似于现在的火箭烟花，没有破坏力，但却能造成敌人的恐惧和惊慌，其作用可以与现在的导弹相匹敌。忍者可以用火药来和同伙发信号，还会用来制作狼烟以联系远处的伙伴。

作为最新兵器的步枪，也因为火药的运用射程发生了变化。熟悉火药使用方法的忍者对步枪也是得心应手，所以到江户时代虽然他们的工作减少了，也能在幕府或者各藩的步枪队里谋到工作。

乌蛋：
烟雾弹的一种，爆炸后声音巨大，散发出烟雾。直径5~6厘米大小。

风雨火把：
着重于不怕风吹雨打的火把，在强风暴雨的天气里也不会熄灭。

步枪：
对于熟悉火药用法的忍者来说，用起步枪来也是得心应手。

秘密潜入

武士的宅第，为了防止忍者潜入，都会在门或墙上插有尖利的竹片。在战国时代这也是为了防备敌人在外廊地下纵火。但是忍者们会通过地面上挖的洞偷偷潜入。如果洞只挖到头那么大一点儿的话，他们也能卸掉自己肩膀的关节钻进去。这一招也是他们在被抓到绑起来时的逃生之法。

这种挖洞潜入的方法叫作“穴蜘蛛地蜘蛛”，从外廊地板下挖洞的方法叫作“土台掘”。

挖洞的方法不只限于地面。身轻如燕的忍者也会从屋顶上潜入。在屋顶上开洞潜入的方法叫“天盖破”，从顶棚上顺绳而下的方法叫“蜘蛛下”。

用来挖洞的道具基本上就是些农具。漫画中会出现用“苦无”来挖洞的情景，但是要想用它挖个大洞的话，花上半天也挖不成功。苦无是为了窥视屋内情况，在墙上凿个小眼用的。苦无还可以用来当火把柄，扎进扁柏枝用铁丝捆成的火把里。因为很烫，所以会在苦无手柄处卷一层布。苦无的手柄处尾端还开了一个小孔，是为了穿过绳子投掷出去，缠住树枝，作为绳梯攀登用的。紧急时刻还可以当防身的武器。

开锁破门潜入

忍术传书中配图介绍了一种“开器”，是用来插到锁孔里破坏门锁的工具。据说，忍者们经过训练用它能打开任何门锁。他们还会在房屋门缝处插入薄薄的金属板，轻轻拨掉门栓后潜入。开器分为开门锁及门栓的“开器”和难以打开时用的“破器”。遇到封有木板没有缝隙的门时，需要用“破器”的锥子在门上钻个洞，再用“开器”开门。

当然，也可以在用锥子钻完小洞后，用双刃的锯子把洞锯大，然后伸手进去直接开锁。双刃锯有的设计成一边锯竹子，一边锯木头的样式，也有直接用来锯那些刀和镰刀都很难砍断的篱笆栅栏。“壶锥”是用来在土墙上挖洞的一种“开器”，也被称为“开墙锥”。以半圆状的一端为轴，就像圆规画圆一样在墙上开个圆洞。小的“壶锥”可以钻一个手腕宽的洞，便于伸手进去开锁。大的可以钻一个头部大小的洞，便于直接潜入。忍者为了能够轻松潜入狭窄之地，需要注意保持体形，避免出现端肩和骨盆突出。

苦无：

大小尺寸不一，也可以用作投掷器具。

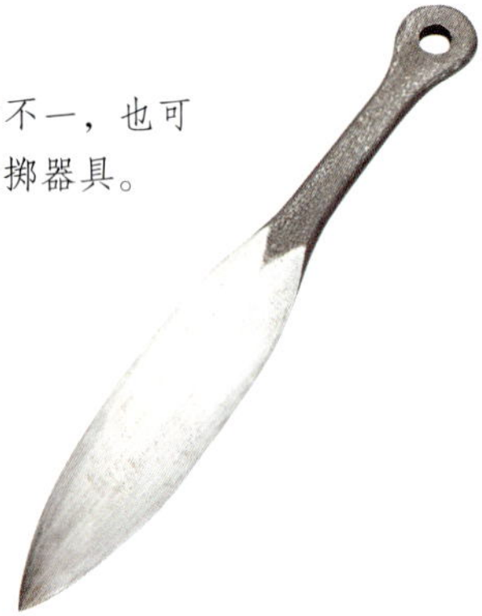

往屋里投入蛇或青蛙，造成混乱后乘机潜入。

穴蜘蛛地蜘蛛：

忍者在地面上挖个洞，直通屋内潜入。

伪装成耍猴人，指使调教的猴子潜入。

壶锥：

以锥子的一端为支点，像圆规一样画个圆洞再挖通的道具，用于侦察和开锁。

双刃锯：

用于在木板上开洞。种类很多，大小不一，锯刃有圆形有细长形。

窃听术

忍者会躲藏在天花板上或地板下，窃听对方的密谈。天花板上因为有回音，所以声音可以听得很清楚。但是，当对方窃窃私语时，就需要用到“窃听筒”，一种贴在耳朵上用来窃听的竹筒。也有用黄铜合金制作成的可伸缩的“听筒”。

忍者们会进行低声听取训练。在悄无声息的深夜，他们会去听细针落在磨刀石上的微小声音。同时扔下数

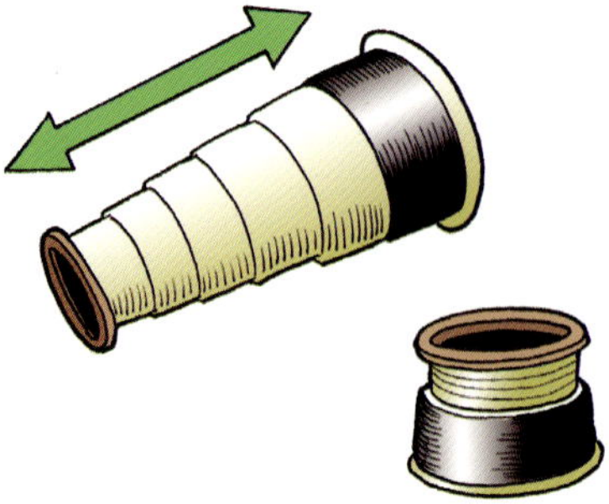

枚细针时，忍者通过声音能听出针的具体数量。通过这样的训练，即使是对方的窃窃私语，忍者也能听得一清二楚。

忍者们还会给耳朵做护理。揉揉耳朵，拉长耳垂直至有痛感，可以让耳朵变得更柔软，既能提升耳力，又能延年益寿。还会通过折叠耳廓用手指弹击耳背来提升听觉，据说这招还能提神醒目。通过提升耳力，忍者可以在第一时间察觉即将到来的危险。所以，锻炼耳力，关系到忍者的生死安危。

低声听取训练

由于磨刀石本身敲击时声音低沉，扔下一根细针时声音就会更小。忍者们通过训练听取这个微小的声音来锻炼耳力。

察敌术

以前的人眼睛好使，忍者们的眼力就更不必说了。即使没有望远镜，他们也能观察到远处的情况。忍者为了能在黑暗中看清情况，会进行特殊训练。夜里，他们首先会目不转睛地盯着烛火，接着会在灯笼纸上用针戳几个小洞，然后数清洞的个数。通过这样的训练，忍者们即使在黑暗的环境里，也能看清周围情况。

人从暗处突然进入亮处时，通常会感到刺眼，看不

吹火箭

通过吹出带有火药的吹箭，借着吹箭燃烧的微弱火光可以看清远处的情况。忍者趁机观察敌情，夺取宝物。

清楚东西，从亮处进入暗处也是同理。忍者们为了克服这一点，会不断在明亮的房间和黑暗的房间里来回走动，提高眼睛对明暗转换的适应能力。

此外，为了提高晚上的眼力，据说忍者会吃盐水煮过的花椒果，每天三粒。但是，自古就有花椒伤眼健胃的说法。正所谓“是药三分毒”，吃多了也有副作用。为了隐藏花椒的功效，据说忍者会故意向世人宣传花椒的害处。这大概是因为擅长夜行的忍者们，不希望有人也通过此法训练得比他们更厉害吧。

为了能在黑暗中行动自如，忍者们会在黑暗处观察烛火，锻炼眼力。

分身术

传说中的忍术当中，有许多是人们在漫画或者历史古装剧中编造出来的。有些忍术实际上大家认为是不可能的，但为了吸引观众，影视作品中经常会出现。其中之一就是“分身术”。有的漫画已经揭秘了分身术的实质，其实就是几个身材相貌相似的双胞胎或者表兄弟，绕着对方快速移动，让对方以为中了分身术。可能漫画家们也认为分身术只能通过这种方法实现吧。

但是，分身术是确实存在的。中国的仙术中有“分形术”一说，指的是服药造出另外一个人的分身之法。可惜的是药的制作方法无人知晓。日本也有分身之术的说法。在江户时代静冈市（现静冈县）的“无极量情流”的武术传书中，能看到类似分身之术的内容。书里写着通过诵念真言咒语，就能够分身为 7 人。

忍术中还有一种“神游观”之术，指的是精神高度集中，使自己的意识脱离肉体化身为另外一个人。经过训练，据说通过此法可以产生许多分身。不过，这种分身术估计没有多少人会相信吧。

此外还有一种“八方分身”之术。与现代人不同，古人更容易被迷惑。通过类似催眠术的方法，给予对方暗示，让对方觉得自己看到的人有许多分身。遇到敌人的时候，通过此法迷惑对方，能让对方觉得四面都被分身围住，无路可逃，达到分身术的同等效果。

人要分身为另外的许多人，实际上是不可能的。但是，如果能让对方头脑中产生看到许多分身的幻觉，也算是分身术的一种吧。

幻术

战国时代，上杉谦信的春日山城下（现新潟县上越市），聚集着为求一官半职而来的全国各地的武者。其中，被称为“飞鸢加藤”的加藤段藏向人们展示了各种各样的幻术。其中“吞牛之术”，即一口气吞下一头牛，让在场的民众惊恐不已。但是，当时坐在松树上的一个人突然叫起来：“骗人！从我这角度看，他只是趴在了牛背上而已。”一语道破了他的法术。气急败坏的加藤，拿出了一粒花籽，用扇子扇了扇，花籽就开始发芽、长藤、开花、结果。加藤拔出短刀，砍掉果蒂后，结果树上男子的脑袋就被砍了下来。谦信听到这个传闻后，就把加藤招到麾下，命令他去手下重臣直江兼续的家里偷宝刀。结果加藤顺利潜入守备森严的直江家府第，成功偷得了宝刀。谦信很是佩服，但想到加藤若成为敌人将十分可怕，便对他起了杀意。而得知消息的加藤，轻松跳过 3 米高的围墙逃走了。

同时代的奈良，也有位出名的幻术师——果心居士，擅长钻进日式酒壶（用来装酒的）。他能轻松地伸长自己手中的绳子，挂在寺庙的五层高塔上顺绳而上，登至塔顶处换身衣服，眺望远处风景。还能把竹叶撒到池水中变成游动的小鱼。用手轻抚脸颊，就能改变容貌，掩人耳目，躲避债主。据说果心居士的幻术与外国的妖术师承一派。

忍者传书中没有关于幻术的记载。按照现代的说法，幻术就是在魔术的基础上加了催眠术。现代的人都讲科学，但是古代人们更多地相信迷信，所以很容易中催眠术。学会幻术很有作用。艺人经常四处活动，所以很容易搜集信息，得到大名的召见后就可以顺利进城。忍者化装成艺人，可以对接近的人使用幻术。

九字护身法

忍者在行动前，会用“九字护身法”让自己镇定。“九字护身法”中，有双手结印法和“刀印”，即用短刀画九字的方法。如果没有刀或者刀无法使用时，可以用右手的食指和中指当刀，握着的左手当鞘，组成“手刀”来画九字。

九字由“临”“兵”“斗”“者”“皆”“阵”“列”“在”“前”九个汉字构成，意思是战斗来临时，要敢于冲在最前面，属于自我鼓励的话语。

在伊贺、甲贺流传的更古老的熊野修验系的九字真言是“**ア**”“**キ**”“**サ**”“**タ**”“**カ**”“**ハ**”“**ワ**”“**ヤ**”“**エ**”，自古以来日本的文字都有“言灵”，即每个文字中都存在一个神灵的说法，所以每个文字都有很深的含义。不管哪种九字，说出来都是为了让自己镇定下来吧。

因为忍者不管经历怎样严酷的修行，他始终是肉躯之身。一个人潜入敌营，也会担心害怕，惴惴不安。而要与敌作战，也需要很大的勇气。“九字护身法”，就是让忍者将不安化为勇气的方法。

臨（りん）

兵（びょう）

闘（とう）

者（しゃ）

皆（かい）

陣（じん）

列（れつ）

在（ざい）

前（ぜん）

伊贺上野地图

伊贺上野是有名的忍者之街。 街上有专业的忍者博物馆，还有卖各种忍者商品的店铺。以下为喜欢忍者的朋友们介绍几个游玩地点。

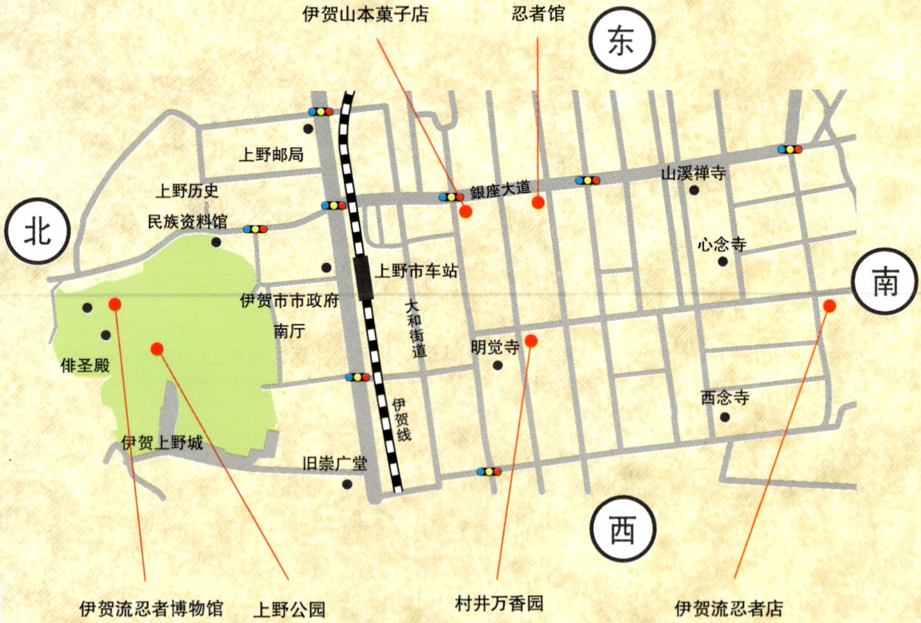

任何与忍者相关的物品，如忍者刀、手里剑、忍者装束等都能轻松入手。网店请查询以下主页。

伊贺流忍者店　Tel.0595-21-0792
三重县伊贺市上野爱宕町 1938。网店有售
URL http://www.rakuten.co.jp/ninja/
休息日：周三

忍者体验馆，3 月开始重新营业，可以体验投掷手里剑等游戏的乐趣。

忍者馆　Tel.0595-23-8381
三重县伊贺市组屋町 3156-1，2011 年 3 月重新营业（仅在周六、周日、节假日营业）

伊贺的烤饼干店中饼干烤得最硬的店，估计忍者吃了也会很惊讶。

伊贺山本点心店　Tel.0595-21-0915
三重县伊贺市上野鱼町 2887-2
URL http://www.katayaki.co.jp/katayaki/
休息日：周一（休息日和节假日重合时正常营业）

最初以出租忍者衣服起家的茶馆，抹茶点心堪称一绝，许多有名人士都来过。

村井万香园　Tel.0595-21-1173
三重县伊贺市上野小王町 3136
休息日：每月第一、第三个星期四

忍者公园

伊贺上野公园

伊贺上野公园的中心地带，坐落着以造城出名的战国武将藤堂高虎建造的上野城。登上天守阁，可以一览伊贺街道的美景。公园内有伊贺流忍者博物馆，向现代人介绍忍者的历史。此外，此处还是教科书中经常看到的俳人松尾芭蕉的出生地，所以公园内还有芭蕉纪念馆等许多与芭蕉有关的建筑。

伊贺流忍者博物馆

位于上野公园内。馆内有仿建的忍者屋，还有女忍者装扮的讲解员，为我们讲解屋内的各种机关。馆内还展示着各种忍者相关的资料，有幸还能见到精彩的忍者表演。

三重县伊贺市上野丸之内117（上野公园）
Tel.0595-23-0311（博物馆）
休馆日　12月29日~1月1日
URL http://www.iganinja.jp/（博物馆）

赤目四十八瀑布 忍者森林

赤目瀑布里的忍者森林，是知名伊贺忍者——百地丹波的修行场所。在这里，可以使用忍者道具，修行各种伊贺流忍术，还能翻墙渡河，学习忍者的移动方式。既能锻炼身体，又能挑战忍者修行。

三重县名张市赤目町长坂 861-1
Tel.0595-63-3004
URL http://www.akame48taki.jp/ninja/
年中无休

忍者村

位于长野县的户隐村。户隐村作为活跃在战国时代的户隐流忍者的村落，十分有名。村里设置了忍者机关屋、修行森林等许多游玩项目。还有收集了许多忍者道具的忍者资料馆。每逢节假日，还会安排有手里剑投掷大赛、伊贺流·户隐流忍者秀等表演。你可以穿上租借的忍者服，在比赛中一展身手。

长野县长野市户隐 3193
Tel.026-254-3723
URL http://www.ninjamura.com/
营业期间　4 月下旬 ~11 月下旬

伊贺流忍者集团——黑党

立足现代传承忍者英姿

伊贺流忍者集团黑党 1984 年成立，集团代表黑井。他们的忍者表演，将伊贺神服部流忍术表现得淋漓尽致，不止在日本，在中国、新加坡、澳大利亚等世界各地都很成功地进行过公演。此外为了将忍者的正确知识和历史流传后世，他们带头成立了伊贺流忍术复兴保存会，组织了许多活动，向人们传播忍术的保存和正确的忍者形象。黑井还亲自创作，参加电视演出，全身心致力于忍者正确形象的传播活动。

伊贺流忍者集团　黑党
URL http://www2.ocn.ne.jp/~kurondo/
Tel. 0744-25-0385
Fax. 0744-24-6349

伊贺流忍者秀

老少皆爱的忍者表演，其实力已得到世界公认。

战国铠甲武士秀

身披铠甲，重现战国时代的武士交战。

伊贺流忍者教室

掌握科学知识和野营实用技能，学到现代也能用到的忍术。

忍者物品

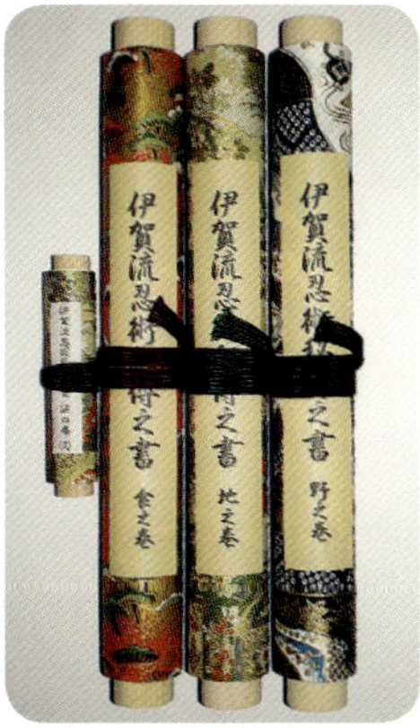

卷轴中记载了许多忍者的知识，包括忍术绝招、忍者食物的秘密等等。可以在伊贺流忍者博物馆附近的上野公园旅游招待所或者黑党的主页中买到。

后　记

现在，忍者已成为国际语言，“NINJA”一词家喻户晓。但是，外国人模仿的忍者形象在我们日本人看来总觉得很奇怪。如果战国时代的日本人能够穿越时空，看到现代的电视电影漫画中出现的忍者形象，也会有相同的感受吧。

忍者之谜很多，所以也容易供人们发挥编故事。许多忍者都成了擅长各种忍术的英雄人物。一些原本只是为了增加故事趣味而创作的忍术和流派，久而久之变成了人们相信的确实存在的东西。这样的话日本向世界展示的忍者形象就开始渐渐偏离真实。

关于忍者有太多的谜团，所以日本人也很难了解其真实的状态。历史教科书上不会写到这些从事秘密工作的忍者，也很少人从事忍者的相关研究。即使去调查研究也会有很多不明白的地方，历史上也看不到忍者的活跃期，忍术传书上重要的内容也大都是口授的，难以弄懂。

有幸的是，本人遇到了甲贺流伴党第21代宗师家川上仁一老师，他被称为当今传播忍术的最后一人。通过他，才知道自己之前调查的忍者状况与真实的大相径庭。为了让更多人了解到真实的忍者，本人于1984年和朋友成立了伊贺流忍者集团・黑党，开始组织忍者表演和忍者教室等活动。此外，成立了伊贺流忍术复兴保存会，向全国的忍者迷发行会刊。

作为补充，本人将其他内容整理成册。正好10年前曾出版过面向儿童的书，这次在其基础上补充了更多自己后来了解到的内容，增加了很多图片，希望大家从中了解到真实的忍者，并分享给身边的其他朋友。

最后，此书的出版，特别感谢STUDIO TAC CREATIVE编辑部的关根圭一、岩田垒、佐佐木贵智的帮助，还有清水良太郎和SAKAMOTO TAKASHI为本书拍摄的帅气图片，后藤章为本书设计的可爱插图。由衷感谢各位此次对本人的帮助。

2010年11月黑井宏光

图书在版编目（CIP）数据

忍者大揭秘 /（日）黑井宏光 著；程兰艳 译．—北京：东方出版社，2015.1
ISBN 978-7-5060-7980-8

Ⅰ.①忍… Ⅱ.①黑… ①程… Ⅲ.①武士—日本—通俗读物 Ⅳ.① K313.03-49

中国版本图书馆 CIP 数据核字（2015）第 022041 号

忍者大揭秘
（RENZHE DAJIEMI）

作　　者：［日］黑井宏光
译　　者：程兰艳
策 划 人：王丽娜
产品经理：王丽娜
责任编辑：姬　利　王丽娜
出　　版：东方出版社
发　　行：人民东方出版传媒有限公司
地　　址：北京市东城区朝阳门内大街 166 号
邮政编码：100706
印　　刷：北京捷迅佳彩印刷有限公司
版　　次：2015 年 5 月第 1 版
印　　次：2015 年 5 月第 1 次印刷
印　　数：1-6000 册
开　　本：787 毫米 ×1092 毫米　1/16
印　　张：8
字　　数：79 千字
书　　号：ISBN 978-7-5060-7980-8
定　　价：28.00 元
发行电话：（010）64258117　64258115　64258112